U0559596

JEAN-LUC COATALEM

MES PAS VONT AILLEURS

我去往别处——
维克多·谢阁兰的真实与想象

[法] 让-吕克·科阿塔朗 著

翟月 译

上海文化出版社

所向无空阔，真堪托死生。

骁腾有如此，万里可横行。

———杜甫《房兵曹胡马》

穿越百年的二十四封书信

——读让-吕克·科阿塔朗的《我去往别处》

中国社会科学院荣誉学部委员

郭宏安

《我去往别处》是一部非虚构叙事作品，文字颇优美，二十四个章节仿佛是二十四封穿越时间、纵横世界的书信，收信人是维克多·谢阁兰，1919年去世的一位法国医生、作家、诗人、汉学家、考古学家和人类学家，发信人是让-吕克·科阿塔朗，法国《地理》杂志的副主编、旅行家和作家。信是2014至2016年间写的，中间隔了差不多一百年。一个是已经逝去的前辈，一个是还生气勃勃的晚辈，本来是一部传记，却采取了对话的形式，由"我"向"你"发问，一上来就说"你"如何如何，当然，维克多·谢阁兰是一个逝去的、静止的存在，并没有答话，科阿塔朗也没有要求他回答，只是跟随着他的足迹，忠实并富有想象力地记载他的行踪、作为、思考和心理活动，而且所有他到过的地方，科阿塔朗几乎都在场，似乎和他一起观察、思考和行动，如影随形，因此，这本书读来十分有趣，但也不免令人感到惊奇：传记本来有多种写法，但是以第二人称来写的，还不多见。

1

维克多·谢阁兰于 1878 年 1 月 14 日出生在法国西部濒临大西洋的布雷斯特，1919 年 5 月 21 日死于家乡小镇于埃尔戈阿，年仅四十一岁。1897 至 1901 年先后在布雷斯特和波尔多海军医学院求学，毕业论文做的是《自然主义作家创作中的医学观察》。这期间，他发现了尼采、兰波、圣波尔·卢和雷米·德·古尔蒙，开始吸食鸦片。1902 年 4 月，在《法兰西信使》上发表《通感与象征派》，这是他第一次发表文章，由此开始了不到二十年的写作生涯。他生前发表的作品不多，大部分在朋友间流传。这一年的 9 月，他被任命为二等军医，分配到当时停靠在太平洋塔希提岛的一艘通讯舰上。上任途中生病，在美国旧金山滞留三个月，游览了唐人街，首次接触中国文化。第二年，在法属波利尼西亚执行任务时，瞻仰了不久前在马克萨斯群岛去世的画家高更的故居并收集其遗作，撰文加以介绍。循着高更的足迹，游历塔希提岛、甘比尔群岛、新喀里多尼亚岛、马克萨斯群岛，途径爪哇、锡兰回法国。公务之余研究当地毛利人的现状及历史，对传教士带来的现代文明的各种灾难深感忧虑，开始构思以毛利人的古老神话为题材的小说《远古人》。1904 年，任职期满回到法国，在《法兰西信使》上发表《高更在他最后的日子里》，开始草拟美学随笔《论异国情调》，竭力发现并突出不同文明之间的差异，同时开始写以释迦牟尼的生平为题材的悲剧《悉达多》。1905 年，他被任命为布雷斯特海洋学校的医生，与一位医生的女儿伊冯娜·艾贝尔结婚。他循着兰波的足迹，在吉布提停靠。他第二年在《法兰西信使》上撰文《论兰波的双重人格》，认识作曲家德彪西，请他为《悉达多》谱曲。1907 年，以笔名在水星出版社自费出版《远古人》。1908 年，他为了去中国，在巴黎东方语言学校学中文，一年以后，被任命为海军见习译员，结识了旅行家及作家奥古斯特·吉尔贝·德瓦赞，次年 4 月，启程去北京，拜访当时驻天津的作家保尔·克洛岱尔，并开始搜集一年前去世的光绪皇帝的材料，构思以他为原型的小说《天子》。8 月，与瓦赞结伴游历中国，先是骑马西行，经五台山、西安、兰州，再向南到四川，过峨眉山、重庆，然后乘船从长江三峡顺流而下，经汉口、南京，转年回到上海，途中勤奋笔耕，写有游记《砖与瓦》，给妻子的信《中国书简》。1910 年，他定居在北京，系统学习汉语，广泛了解中国文化，尤其大量阅读中国典籍。同时，认识一个比利时年轻人，名莫里斯·鲁瓦，此人一口流利的汉语，自称是一个潜伏的间谍，向谢阁兰透露了一些清宫内部的情况，真真假假，无从印证，这些秘闻成为小说《勒内·莱斯》的素材。这一年的9月，他开始写第一首碑体诗《印模》，这是他生平第一次写诗。1911年，他任教于天津北洋医学堂，自愿去山海关紧急接替在扑灭哈尔滨鼠疫工作中身亡的法国医生梅尼，两个月后成功地阻止了疫情向内地蔓延。5月，携家眷前往天津，经常在北京逗留。1912年，《碑》集由北京北堂印书馆出版，10月，他担任袁世凯之子袁克定的私人医生，开始创作散文集《画》集和诗集《颂歌》，并筹划一次重大的在华考古计划。1913年，他重返天津北洋医学堂，7月，回到法国，为将在中国进行的考古活动筹集装备和资金，该计划得到沙畹、伯希和、考狄等著名汉学家的首肯和支持。10月，经西伯利亚回到天津，写作剧本《为土地而战》和小说《勒内·莱斯》。1914年2月，以谢阁兰为领队、以瓦赞和海军军官拉尔蒂格为队员的法国考古队从北京出发。此次考古的目的是根据史书和方志的记载考察汉代和唐代的陵墓及测绘长江上游水系图。考察线路从北京到河南、山西、陕西，然后南下到四川和云南。队伍行至云南丽江府时，得知第一次世界大战爆发，遂中断考古，赶往越南河内乘船返回法国。谢阁兰在这次考古活动中写有《汉代墓葬艺术》和《中国西部考古记》，并写有《旅途手记》，开始创作散文集《出征》。1915年，法国《亚洲报》对谢阁兰等三人1914年在中国西部的考古活动作了报道。谢阁兰由于健康原因未能上前线，被分配至布雷斯特海军医院工作，担任副院长。1916年，《画》集由凯勒书局在巴黎出版。他还写有《纪念高更》。1917年，谢阁兰作为法国招募华工军事代表团的医生再度来华，工作之余考察了南京附近的梁代陵墓。7月，到北京，然后随载运华工的船经河内回到法国，第三次也是最后一次中国之行结束。开始写《中国，伟大的雕塑艺术》和长诗《西藏》。1918年，长期的奔波和紧张的工作，以及第一次世界大战的影响，使他身体极度衰弱。1919年5月21日，他死在小镇于埃尔戈阿的山坡上。

自杀还是事故？还是寿终正寝，自然地走到了生命的尽头？人们至今莫衷一是。不过，四十一岁就撒手人寰，毕竟早了些，难以逃脱众说纷纭的议论。

2

维克多·谢阁兰的一生是短暂的，然而是丰盈的，他具有科学家的严谨，艺术家的激情，考古学家严谨与激情融为一体的睿智，值得一写。他的形象随着时间的推移，会变得越来越清晰。阿根廷作家博尔赫斯这样评价谢阁兰："难道你们法国人不知道,谢阁兰才可厕身我们时代最聪明的作家的行列,而且也许是唯一一位对东西方美学与哲学进行综合的作家。你可以用不到一个月就把谢阁兰读完了,却要用一生的时间去理解他。"评价可谓高矣!法国学者托多洛夫指出,谢阁兰是 20 世纪初对"异国情调"体验提出最深刻的思考的法国作家。更有一位当代评论家说:"维克多·谢阁兰也许是我们的喜欢旅行的作家中最令人惊奇者。他同时是最坚定地跟随兰波和高更,试图发现不受我们文化污染的最后的文化的人。"他是一个对伴随着殖民扩张的日益增长的渴望不断提出疑问的、寻找失去的天堂的真正的不信神的教徒,即"信仰狂热但不信上帝"。

维克多·谢阁兰逝世百年之后,遇到了同他一样激情满怀、不知疲倦、为他作传的人,这个人就是让-吕克·科阿塔朗,一个同他一样,"不停歇,漂泊。没有任何约束"的人。他写了《我去往别处》,他说:"实质上,维克多,我去演绎你,并不是去研究你,将你简化成一部传记,几个时间,几个地点,而是要透过时间传递出对你的印象。"在这里,他说出了《我去往别处》的实质,即这是一部"演绎"谢阁兰生平的、反映科阿塔朗的印象的作品,而不是一部简单的、没有作者个人感情的传记。"演绎"具有"发挥"的意思,而

"印象"具有"回忆"的含义。于是，一本平平常常的传记就升华为一本饱含着谢阁兰的真实与科阿塔朗的想象力的作品，你看他这样描写谢阁兰："乐观、精力充沛、不被束缚。你是一直在路上的人，腿脚一直在坐骑之上，眼睛因太阳和雪而反光；身上裹着毛皮衣，背上背着马枪。你是旅行的赢家，在简陋的暗室里冲洗了两千张玻璃底片——这些玻璃底片由路易·卢米埃提供。充沛的精力仅用于此！你，从跑得满口白沫的马上下来，只要有一点光，就会立刻投身去记笔记、写诗、画喷火神兽和麒麟，自己专注也令人注目。以此逃避有限的时间，从而重新找回瞬间的延续、身影的重量、更宽广的内心……"一个孤独、专注、在无穷无尽的道路上探索内心世界的形象跃然纸上："如此奇特，如此引人入胜，在让你重生的帝国的风中。沉默寡言、神秘、充满干劲，找寻着正确的声音、真实的图案、准确的路线，像你喜欢的猫一样难以捕捉，来去随意，分享自己的地盘但决不让步，沉浸在无尽而孤独的梦中。"

科阿塔朗的这本书叫作《我去往别处》，其中的"我"指的是"我的脚步"，而"别处"可理解为异国或异域，正好与谢阁兰的"异国情调"相应和。科阿塔朗也是布列塔尼人，也出生在布雷斯特，与谢阁兰可谓是心心相印，息息相通。他的脚步与谢阁兰的脚步可以说相互印证，惊人地一致，难怪他说起谢阁兰往往有心有灵犀之感。谢阁兰一生的言论和行动都受到他关于异域或异国的思想的管控或指导。1978年，谢阁兰1904至1917年的关于异国情调的笔记由他的女儿安妮·若利-谢阁兰整理出版，定名为《论异国情调：一种差异美学》，一举奠定了差异美学在法国文学史上的地位。她说："如果我们不知道他在何种程度上身体力行这种'差异美学'，我们会感到惊奇的。他的生平的每一件事，他的作品的每一个构成，都将是证明。"谢阁兰在1913年5月6日的一封信中指出，异国情调是一个"折中、膨胀的词，滥用，分裂，死亡，空无一物"。至于其定义，谢阁兰给出了好几种，例如1917年4月21日，他写道："论异国情调。它的个人的解释。它的万能的力量：如果说我将异国情调置于我的世界观的核心，如果说我乐衷于寻找它、颂扬它，当我发现不了它就制造它；对那些值得并窥视它的人指出它——对那些值得并且不怀疑它的存在的人——这并不是唯一的美学力量，但它是感觉的强度的基本的法则，是感觉的颂扬；因此是生存的颂扬。这是不同，是存在于差异中的绽放。"正如科阿塔朗用轻盈笔触写过的那样："只有通过努力和长距离的远行才能意识到自我以及自己'在真实的温床'上奔跑的方式，一直跑到屏障被打破的界限或边界。外部世界点亮了内心世界，将你解救，将你释放，最后感受到音乐的悦耳，世界的气息轻抚额头。"

自从人有了地域的观念，就产生了对异方异域的向往和探求，表现在文学作品中，就形成了异国情调。异国情调的魅力出自神秘，神秘产生惊奇，惊奇激起探索的欲望。然而，异国情调各有不同，其不同不在于异国，而在于观念。观念之不同，产生了对异国的不同的态度。在法国文学史上，从来以异国情调著称的作家以对其描绘对象所持的态度主要有三种：或者以遁世者的面目出现，讴歌远离文明的牧歌生活，如 18 世纪的圣彼埃尔·德·贝纳丹；或者一副征服者倨傲狂妄的神态，纯以猎奇或猎艳为乐，如 19 世纪的彼埃尔·洛蒂；或是身在异国而一意求同，对一国特有的文明麻木不仁或竟不屑一顾，如保尔·克洛岱尔。只有 16 世纪的蒙田不为流俗所蔽，力倡"文明人"与"野蛮人"之间的"平等和睦"，申明野蛮人身上"毫无野蛮之处，只不过人人都称与自己的习俗不同的东西为野蛮罢了。时隔三百年，他才找到了同调，这就是维克多·谢阁兰。谢阁兰从不满足于表面上的猎奇，他力图真正地探入到另一种文明的内部；他从不坐井观天，蔑视或盲目崇拜另一种陌生的文明，而是带着一种冷静的目光进行顽强的探索；他也不以己度人，试图同化或抹杀另一种文明，而是竭力发现并突出不同的文明之间的差异。总之，他涉足异国异域，并非为了逃避或征服，而是为了获得新的感受和认识，扩大人类知识的版图，同时也把对异国文明的认识当作更深刻地认识自己的一条途径。谢阁兰认为，"异国情调"不仅存在于空间的变动里，而且存在于时间的推移中，因此，他不仅探索异国异域的现在，还要追寻其历史，在其古老文明的上游徜徉沉思。这样，在空间和时间上都极为遥远的中国，就成了谢阁兰梦寐以求的地方。中国广阔的版图，悠久的历史，丰富的文物，浩如烟海的典籍，在他面前形成一个庞大的未知世界。异域和故乡的对照，古代与现实的比较，外界与内心的辉映……这种已知和未知的撞击，迸射出奇异的火花，成了他毕生追求的诗与美。如同科阿塔朗所说，谢阁兰"来到中央帝国，来到北京，这是你大步走遍的地方"，这是在"你的"城市，但是，谢阁兰反复玩味的却是："实际上，我来这里并不是为了寻找欧洲，也不是为了寻找中国，而是为了寻找一种中国印象。"谢阁兰提倡一种"多样化情感"，他给出了这样的定义：一切"陌生的、奇特的、出乎意料的、惊人的、神秘的、多情的、非凡的、英雄的，甚至是神性的东西，所有他者……"主旋律是："看世界，然后说出你眼中的世界。"借助感受将主旋律表达出来，"感受"这个词让思想正统的人和乡下虔诚的信徒受到惊吓。到了中国，就等于"从中央帝国到了自我的帝国"，最遥远的地方就是最隐秘的地方——内心世界。

3

"内心世界"，这个最遥远的地方，这个最隐秘的地方，就是中国，古老的中国，这是谢阁兰不畏艰险长途跋涉到达的地方。他不仅是到了中国，而且用脚步丈量了大半个中国。《碑》集就是这种丈量的收获之一。1989年法国国家图书馆举办的法国历代文学珍本展览中，谢阁兰的《碑》集赫然在列，傲然厕身于当代四十种文学珍本之中，足见其在法国文学史上的地位。《碑》集作为一本散文诗集，它体量过小，尚不足以成就谢阁兰的伟大，但它独特而深刻，足以成就谢阁兰的重要。《碑》集1912年在北京北堂印书馆初版，两年以后，由法国科雷斯出版社在北京再版。这是谢阁兰生前出版的唯一一本诗集，其装帧设计、纸张选择、版面编排，皆由他亲自监制。书中每首诗的右上角都配有汉语题词，诗的四周还围以黑色的边框。整本书显得庄严肃穆，精致典雅，令人眼前一亮，果然有见诗如见碑的感觉。谢阁兰在中国旅行期间，尤其是参观过西安碑林之后，被在中国随处可见的碑碣深深触动。这位对异域之美深有体会的艺术家发现石头之诗可以化为碑体之诗，于是碑体诗出现了。他在一封给友人的信中说："在我看来，碑的形式有可能成为一种新的文学样式……即一篇短小的文字，它由一个长方形的框子包围着，面对面地呈现给读者。"也就是说，碑体诗是"自我深处的认知的光辉：星球是内在的，瞬间是永恒的"，谢阁兰在《碑》集的序言中如是说，表明了古代的、神话的、精神的中国实际上成为他的喻体，在此喻体上，展现了以认知超验的经验为己任的神主义诗人的本质。科阿塔朗写道："这些精雕细琢的诗句将所选择的时刻凝聚在一起。这是你的第一部代表作，其中既有讽刺短诗，也有十四行诗，总共六十四首，与《易经》中的六十四卦相呼应。"这里借用《碑》的汉译本的译者车槿山和秦海鹰的文字，简述《碑》集的内容：《碑》集全书分为六个章节，每章前依次写有"南面""北面""东面""西面""曲直"和"中"这几个汉字，分别代表自我王国的六个坐向，皆以中国为题材及背景："南面之碑"，是帝王篇，诗人以帝王的身份、诏书的形式表达了自己对宗教政治永恒等问题的态度；"北面之碑"，是友谊篇，赞美了火热的友情，同时也思考了朋友间的失信、猜疑、背叛等行为；"东面之碑"，是爱情篇，描写了女性所体现的差异美和外形美，也描写了恋情中的苦涩、失望、怨恨等心理状态；"西面之碑"，是英烈篇，诗人借用中国史书中记载的战争冲突和忠臣义士的事迹抒发了对个人英雄主义的赞颂；"路边之碑"，是杂感篇，与诗人在中国的游历结合得比较紧；"中央之碑"，是心灵篇，是诸面的汇合，是精神世界的"紫禁城"，诗人以道家的悖论方式表达了对不可企及的存在、不可表达的真理的探索，以及对无所不在的"空"和"无"的赞美之情。科阿塔朗很年轻的时候，到巴黎求学，不久，就读到了谢阁兰的诗集《碑》集，"这是一部深刻、铿锵有力、格言式的作品"。一张当时的照片引起了他诗一般的想象："在中华帝国中心，骑着一匹任性的被阉过的马，你为何笑得如此灿烂？我寻思着。你似乎在回答，是因为生活自有其代价，生活可以很传奇，但必须接受其中的代价和波折、打击和创伤、颠簸和缺失，在这可以包容一千种回声、一千种形态的世界上，有多少短暂的欢乐，就有多少无法摆脱的孤单。怀揣如此多的梦想，连续跑遍了那么多省份，在真实和想象间轮转，时而骑马，时而写诗，朝着太阳的方向向上走；太阳垂直地挂在天上，大方地等待着。在那里，你的情感将是炽热的、强烈的。在开放的无人之境变得更强烈。在开阔的地平线上，舞蹈。"科阿塔朗想到了《碑》集，想到了"在仿效的文体之下"，谢阁兰"首先通过回声和光影游戏谈了自己"，并且说出了自己的意图："我故意在中国寻找多变且高傲……的小众形式"，然后，"我只是在这种中国式的模板中放入了我要表达的内容"。谢阁兰所要表达的内容，实际上就是他所崇尚的美学上的差异性和多样性。在《碑》集的最后一首诗中出现了一位法国人的身影，"他以'背面示人'或者'隐姓埋名'"，这个法国人其实是比利时人，名字叫作莫里斯·鲁瓦。诗的题目是《隐匿的名称》，其中写道："真正的名称不在宫殿中，不在花园中，也不在岩洞中，却隐匿在渡槽拱顶我畅饮的流水中。"这名称就是"北京"二字。

4

莫里斯·鲁瓦是谢阁兰的小说《勒内·莱斯》的主人公的原型，小说采用了日记的形式，主人公有两个，一个是勒内·莱斯，一个是叙述者"我"，两个主人公缺一不可。《碑》集是"多变且高傲……的小众形式"，而《勒内·莱斯》，则不同，科阿塔朗不禁发出疑问："这是一本中国侦探小说吗？我本能地这样觉得，什么都不能让我停下来，即使书中用语晦涩，结构像迷宫一样。这个故事让我好奇，故事的主人公是十九岁的勒内·莱斯，现实中的原型是一位名叫莫里斯·鲁瓦的年轻人，他潜入了北京故宫的内部，号称双重间谍、皇室情人，也是会读心术、可以瞬间反串的喜剧演员……我怎么能不被这种半真半假的故事吸引呢？这就像是在真实的紫禁城里上演的虚构连续剧。"这里说的是谢阁兰的小说《勒内·莱斯》，科阿塔朗说出了它的梗概，如果还要加点什么的话，可以写上勒内·莱斯最后服毒自尽。

　　1910 年，谢阁兰在北京认识了一个比利时人，名叫莫里斯·鲁瓦。此人年方十九，讲得一口流利的北京话，颇熟悉中国的风土人情和官场内幕。谢阁兰当时正向学习北方官话，便由鲁瓦在邮传部任职的父亲介绍，做了年轻人的学生。很快，师生间便建立起一种亲密的友谊，先生也便陆续向学生透露出一些既诱人又离奇的事情。莫里斯·鲁瓦自称是已故光绪皇帝的朋友，常在一起游玩，并且救过皇帝的命。他还是宫廷特务机关的头目，每两周随同一个戏班子为隆裕皇太后演戏。他声称挫败过暗杀摄政王的阴谋，曾经为笼络袁世凯镇压南方起义出谋献策。更为惊人的是，鲁瓦透露出他成了隆裕皇太后的情人，并使她产下一女。上述的一切，谢阁兰都记在一本名为《莫里斯·鲁瓦的秘密史》的日记中，这部日记始于 1910 年 6 月，止于 1910 年 10 月 28 日。字里行间，谢阁兰也流露出某种保留和怀疑，但他从未曾有过鲁瓦说谎的真凭实据。他对鲁瓦的故事，是抱着探索者的好奇心，与其信其无，宁肯信其有，因为这种信与疑之间的犹疑彷徨正好鼓起了他的想象的翅膀。他身在现实的土地上，精神却飞进了"世界的后方"。日记的撰写者在现实的土地上寻找进入紫禁城的大门。他经常策马绕宫墙而行，深入北京的大街小巷，甚至前门外的酒楼妓馆；他广泛地搜集大墙里面的消息，求助于一切能够进宫的人，包括中国医生、外国医生、教师、官员等；他学习北京话，"等待直接的机会"，甚至考虑到"归化"。他已经对北京有了相当的了解，然而这一切终归只是围绕着神秘的核心打转，紫禁城的宫墙在他面前筑起了一道比"兴登堡防线"还难以突破的障碍。然而他认识了"勒内·莱斯"。他们的交往，如果说还不曾打开宫门让他进入，至少为他设立了一个瞭望孔，让他得以多少窥见墙内的动静，于是他看见了光绪皇帝的孤独，摄政王的软弱，袁世凯的狡诈，隆裕皇太后的寂寞，特务机构的严密……他的面前是一抹斜阳，他的心中涌起的是"夕阳无限好，只是近黄昏"的浩叹，他要追寻的是正在降下的辉煌的落日——想象中的古老的中国。这正是现实中的谢阁兰的愿望啊！探索的热情激起了想象力，想象力的飞腾补偿了行动的不足。现实和想象的结合构成了《勒内·莱斯》的生命线。谢阁兰曾经提供过一个生动而深刻的象征："两兽相对，嘴对着嘴，争夺着朝代不可断定的钱币。左边是一条颤抖的龙，它并不是象征着衰落的中国那样盘成一团，而是颤动着短小的翼、鳞和爪，这是想象，它的风格是隐蔽的。右边是一只躯体颀长、灵活的虎，它弓着腰，显出强烈的肉欲，这是现实，总是很自信……现在，每个人都可以选择和回到他们所熟悉的兽的身上，或是怪物，或是有性别的四足兽。"在谢阁兰看来，这场龙虎斗就象征着人类的命运，即人类始终在肉体和精神、现实和想象的冲突和搏斗中开辟认识的道路。在他的面前，清宫的紫禁城无异于人的"认识的极限"。四围的高墙无异于人的目力所不能越过的一堵"认识的高墙"。《勒内·莱斯》是他试图突破这堵高墙的一种努力。

5

保尔·克洛岱尔给谢阁兰的妻子写过一封信，说："他一直骑着马围绕位于城中央的一个难以进入的神秘之地转悠。这不就是你丈夫的生活吗？"他说得不错，这个"神秘之地"是整个的中国，谢阁兰骑着马走遍了大半个中国，为的就是探求一种差异之美和多样性。科阿塔朗写道："维克多，你的第一次远行从 1909 年 8 月至 1910 年 1 月，持续了六个月。从北京出发，取道西安和兰州，如同一条将中国割开的切线，然后下行至四川宜宾，又沿长江，溯流而上，穿过重庆、宜昌和南京，行至上海、广东、香港，全程三千公里。最后你还去了日本，到达了长崎、神户和大阪，然后又返回北京。"在持续六个月的行程中，谢阁兰经历了诸多不便和艰险，虽然有"肆无忌惮地用斧头砍下了一颗佛头"和"缺乏同情心"的微词，但是，"苦难的异域风情"使他"感觉自己是一位健在的尼采式人物，可以看得更清楚，理解得更透彻，简而言之，可以活得更好、更强大、更高昂，飞驰在'谷物的光辉'中"。他喜欢在"越积越多的尘土"中前行，开始攀登秦岭，秦岭与"西藏地区无边的轮廓"相连，他到达了"像金属屑一般磁化的河流闪闪发光"的河套谷地，"和昏昏欲睡、低声咕哝的僧人一起参加了晚课"，然后"乘坐一艘平底帆船沿长江顺流而下。"旅行留给他一大笔财富——别样的欢乐与激动。这是一种凝练。你认真准备文章的文字和开头，因为你感觉自己正迎着神秘走去，在世界的边缘品尝到另一个世界的感觉，直到见识到这种'一点都不会让人开心'的多样性。正相反，这种多样性会让人变得敏锐，带有辐射性，将人重新拉回中心。"

谢阁兰的第二次考古活动规模可谓宏大："两吨重的包裹和物料，七辆双骡车，六匹"灵活又有耐力的"马，三名欧洲骑士和十七位随从（脚夫、马夫、厨师以及让·拉蒂格的中文老师）构成了你们的探险队伍。另外还有一名按工作量给他支付报酬的压印手艺人（用黑色和红色墨水把大纸盖印到石头上，这些石头上的铭文会被浇铸成铅字，用作你办公室的装饰品），在某些路段，当地政府出于好意，会派一队武装官兵护送你们。"谢阁兰拍了大量的照片，"这些照片被吉美博物馆收藏：泥泞的黄河河岸、华阴市附近的寺庙前的东柱廊、车队离开西安的场景（一纵队步行、骑骡子和骑马的人）、短桥、稻田上方灰蒙蒙的山丘、山谷、丧葬雕刻、柱石上进行的压印工作（助手站在摇晃的支架上，铺上吸墨水纸或透明纸），然后是壮阔的景色，几乎无边无际，在一片凝固的寂静中，其中嵌入了你们行进的步伐。不断有所发现，'古老的中国，当我们当场捕捉到它时，它从来不会让我们失望'"。科阿塔朗的描述充满了感情和想象，其中有一张照片引起了我们的注意："这不是一座天然的山峰，而是一处被隐藏起来的遗址，一座坟墓：这是中国第一个皇帝秦始皇的陵寝！""被隐藏起来"，一语道破了他的发现的意义。谢阁兰写道："地基稳固，对称又有凹角的等高线，线条显示出力量，优雅又刚毅。"科阿塔朗说："这是你的考古发现，因为从某种程度上而言，你是这座陵墓的'发现者'。"这就有点过了，不过他拍的这张照片，确实是一份实实在在的证据，证明在第一次世界大战前秦始皇陵确实存在，不过是存在于荒草之中，只有当地的百姓还有少许的记忆！"1974年，"科阿塔朗不失时机地指出，"在此地向西一千多米处，人们挖出了八千个陶塑的步兵、弩兵和骑兵，还有车马组的马和马车等。这些士兵与人体型大小相当，堪称一支可以为皇帝征服冥间世界的庞大军队。"他还说："在一种继续上演的奇迹中，风景也能与人聊天，能横贯空间，也能辐射四周，你在其中品尝着酒神狄俄尼索斯式的热情，就像尼采所理解的那样：超越自我和现实，在昙花一现的深渊之外，重新找回和谐统一，意识状态更加充实，更加空灵，更加和谐。"他揭示了谢阁兰考古行动的真谛："至此，你们的远行已经收获了成果，你们的手枪皮套里装着'五百张古代中国的漂亮照片'，所有的资料都得到了妥善安置，并且给法兰西文学院上交了一份可靠的报告。即使你们的远行被缩短在高原河流一带，战争也没有致使你的计划泡汤。你'四五年后有十二本手稿要出版'。你顽强到让自己惊愕的地步。你使现实服从于你，而诗歌在你身上歌唱，就像一处源泉。"

6

至此，一个集医生、作家、诗人、汉学家、考古学家和人类学家于一身的维克多·谢阁兰的形象就在科阿塔朗的《我去往别处》中活生生地立起来了，他的内心世界也随着章节的递进而渐次打开了。他骑着一匹白马不知疲倦地围着北京的紫禁城高墙转悠，或者纵横驰骋在中国的大地上，然而他四十一岁就殒命于家乡于埃尔戈阿的山坡上了。谢阁兰的死是神秘的。科阿塔朗用了两个章节的文字描写了谢阁兰的死，一处是开头，一处是结尾，可见其重要，也见出这样安排之匠心。在书的开头，科阿塔朗写道："维克多，你有时抬起头，神情不安，仿佛屋外有人叫你。古老的布斯里昂德森林里传来叮叮当当的响声，但看不见是什么东西。这里实在太像中国了……天空划过一道闪电，劈开一条云隙。低沉的隆隆声压向你，像是一句劝说，也像一声祈祷。随后云隙重新合上。天色更暗了。暗如黑墨，仿佛夜幕已经降临到荒原。你正在阅读《哈姆雷特》第四幕，突然停了下来。'我们想要做的事，应该立即去做。'"在这一节里，科阿塔朗还没有直接提到死，不过他的笔下已经具备了谢阁兰之死的一切要素：英格兰大酒店，山坡，军官制服，短靴，莎士比亚著作，小折刀，等等。小折刀，意味深远的隐喻，不止一次（至少三次）出现在书中。"在水、石、树的交会处，你留下了最后的脚步。顷刻间，你的腿上出现一道鲜红的伤口，像一道沾满印泥的中国官印。"凄风苦雨，愁云惨雾，一切都笼罩在一片死亡的气氛之中，又一切都"太像中国"、像一道"中国官印"。在书的结尾，科阿塔朗写道："你感觉到冷，非常冷。你的心里十分慌乱，像打鼓一样怦怦跳，像是在召唤。天空重重地压下来。你喝光了杯子里的所有水，吃掉了野餐食物里的最后一个橙子，然后你半躺着，最后松开了临时的抓手。就在那时，你认为自己感知到了什么东西，一阵窸窸窣窣的声音，一声怒啸，树枝断裂的声音，微弱的断断续续的细小声音，有谁爬上了山岗。是救你的人吗？不，这次，不是世俗的任何人，而是麒麟，从过去穿越而来，长着毛茸茸大翅膀的麒麟。它带着微笑，迈着大步到来，它把脸放到你的手中，角靠在你的肩上，以此授权它的骑士。你还有力气跳到它肌肉发达的背上，把脚收在它的翅膀后面，跟着它随风而去吗？"弥留之际的恍惚，若有若无的幻觉，虚虚实实，虚中有实，实中有虚，现实加想象，打开了一个空灵又朦胧的时空。一前一后，一首一尾，前后呼应，首尾相顾，形成了一个真实又缥缈的世界。在这一节里，科阿塔朗以富于质感的文字直接写到了死，而且写了"长着毛茸茸大翅膀的麒麟"，中国元素跃然纸上矣。四十一岁，正值盛年，谢阁兰却撒手人寰，乘着麒麟"随风而去"，是自杀？是误伤？还是"来到了生命尽头"？他在《碑》集的"丧葬法令"中写道："这里，好客的山峦环抱着宜人的田野。地脉的风水和飘风的平原都很吉利。这座舒适的陵墓将属于我。……我的住所非常牢固。我走进去。我走到了。把门重新关上，砌死门前的空地，堵住活人的通道。我不想回去，没有遗憾，不慌不忙，失去呼吸。我不声不响地统治，我这漆黑的宫殿令人愉快。死亡是愉悦的，崇高的，温柔的。死亡非常适于居住。我居住在死亡中，自鸣得意。但是，让那边的小农庄活下去吧。我愿呼吸他们在夜晚燃起的炊烟。我还将倾听话语。"一语成谶！九年以前的写作，竟预言了九年之后的结局。看来，谢阁兰是自愿地选择了死亡，可是我们实在是想不出他这样做的理由。"你表现得很有礼貌，但总是与人保持距离。你的身上散发着孤独，并且享受独处。你身边的人尊重这一点。你时年整四十一岁，不管是外表还是行为举止都透着既成熟又有孩子气的独特气质。你看起来既焦虑又疲惫不堪。"科阿塔朗在开头和结尾的章节中，都将"太像中国""中国官印""麒麟"等中国元素加在谢阁兰的弥留之际，说明谢阁兰始终没有忘记"古老的中国"。"在蕨类植物丛中，此时宋朝青瓷般颜色的草像是被虐待了，被压得扁扁的——是谁来到这里，躺在掩蔽处，躺在这'献身之地'，在地上印出了转向和漩涡的形状？鸟叫声穿透了寂静，天空如同教堂的半圆形后殿一般，微风缓缓拂过。你亡灵的影子可能就在这里或那里，像银光闪闪的树叶在哀悼。自下而上，风把河流深处那响亮但蒙了水汽的声音吹到了这里，它美妙的声音在此环绕……"逝者长已矣，唯有河流深处的水声环绕不已，平添后来者的哀悼之意。呜呼！

《我去往别处》选取了杜甫的四句诗作为题词，揭示了这本书的真实含义或者缘起。这四句诗出自杜甫的五律《房兵曹胡马》，原诗为："胡马大宛名，锋棱瘦骨成。竹批双耳峻，风入四蹄轻。所向无空阔，真堪托死生。骁腾有如此，万里可横行。"题词取杜诗的下半首，用意甚明。以此说明马的气质和品性，仿佛一个有血性的男子汉。行走奔跑，不知有空间和时间的阻隔，生与死都可以交付给它的忠诚。这不正是骑马驾车纵横大西北进行考古活动的谢阁兰吗？这里我要说一说杜诗的法文翻译：法译杜诗的最后两句如果回译的话，大致可以是这样："骄傲的骏马呀，我们共同的梦，在万里征程中劈开开放的空间。"这里我们发现了所引杜诗的法文译文的秘密，原来是凭空加入的"我们共同的梦"一语。一个法语读者看到这样的词语，会作何种感想？我终于明白了没有经过翻译的《我去往别处》引用经过翻译的杜甫诗句的用意，这不是说谢阁兰与科阿塔朗有着共同的梦吗：远游中国，寻找异域的美和多样性。

《我去往别处》通篇都称"维克多"，不见"谢阁兰"半点踪影。直呼其名，透着亲切。科阿塔朗的创作因谢阁兰的真实而增色生辉，谢阁兰的形象借科阿塔朗的想象而生气淋漓。

2020 年 7 月，北京

1

你从古老的中国，从可怕的战争杀戮中，从琐碎事物的倦怠中走来，最终来到此处——休整。此处布列塔尼的气候变幻莫测，又是刮风又是下雨，甚至下起了小冰雹，就像1919年5月一样。位于菲尼斯泰尔省①中心的英格兰大酒店里人不算多，不用说，你会住在你一直喜欢的楼上靠里面的那间房；这间房明亮、整洁，但有些冷，还有因为壁炉通风不畅造成的烟熏味道。真倒霉！房间窗户朝向一片森林的边缘。于埃尔戈阿②的这座森林遍布沼泽，到处都是坍落的碎石，碎石分布在一条河的两边，这条河最后变成了地下河，这里蕴藏着许多传说。后来，你在给你的情人——埃莱娜·伊勒贝尔（Hélène Hilpert）小姐的信中写到，你一心想"从

① 菲尼斯泰尔省（Finistère），法国布列塔尼的一个省。——译者注（本书注解如无特别说明，均为译者注）
② 于埃尔戈阿（Huelgoat），法国菲尼斯泰尔省的一个市镇。

早到晚都栖身于这片森林里"。即使森林里露水沾身，即使在这座号称"布列塔尼的枫丹白露①"里，在上千公顷的山毛榉和橡树中间只有绊脚的石头，并且这里距离死气沉沉的莫尔莱城②只有半小时路程。

在 1908 年建成的"美好时代"③ 风格的酒店里，你独自在餐厅尽头吃午餐，与其他客人隔着一定距离。餐桌上有一束花（餐巾盘里折叠的餐巾让人想起某种鸟的羽毛），餐盘里有一片白肉和水果，还有装在长颈玻璃瓶里的红酒。午餐的最后你喝了一杯白兰地。你的胃口向来不好，也不怎么说话。你尽量避开佩德里埃尔夫人，这位朋友和她儿子正在此地度假，她也是被大雨困在这里原地打转。还有一批英国游客，他们先乘坐罗斯科夫到普利茅斯④的轮渡，再搭乘莫尔莱到卡尔艾⑤的火车，享受布列塔尼的春光——布列塔尼的消

---

① 枫丹白露（Fontainebleau），法国巴黎大都会地区的一个市镇，枫丹白露森林是其著名的景点。

② 莫尔莱城（Morlaix）是法国菲尼斯泰尔省的一个市镇。

③ 美好年代（Belle Époque）是欧洲历史上的一段时期，从 19 世纪末开始，至第一次世界大战爆发而结束。这个时期被上流阶级认为是"黄金时代"，此时的欧洲处于一个相对和平的时期，随着资本主义及工业革命的发展，科学技术日新月异，欧洲的文化、艺术及生活方式等都在这个时期飞速发展。

④ 罗斯科夫到普利茅斯（Roscoff—Plymouth）的轮渡航线连接法国与英格兰。

⑤ 卡尔艾普卢盖（Carhaix-Plouguer）是法国菲尼斯泰尔省的一个市镇，位于布列塔尼半岛内部，一般简称为卡尔艾。

费不高，有迷人的湖光、很多有趣的石头，当地人个性鲜明又善良，大多数农民和牧民都穿着蓝色和黑色衣服去做弥撒……

你不是天生爱社交的人。你不会跟人打桥牌。你不会与人评论报纸上的时事新闻，无论发生了什么——墨西哥革命领袖萨帕塔①遭伏击身亡引起轰动，巴黎的工会人员与警察发生冲突，这些你都不关心。你表现得很有礼貌，但总是与人保持距离。你的身上散发着孤独，并且享受独处。你身边的人尊重这一点。你时年整四十一岁，不管是外表还是行为举止都透着既成熟又孩子气的独特气质。你看起来既焦虑又疲惫不堪。

维克多，你有时抬起头，神情不安，仿佛屋外有人叫你。古老的布斯里昂德森林②里传来叮叮当当的响声，但看不见是什么东西。这里实在太像中国了……天空划过一道闪电，劈开一条云隙。低沉的隆隆声压向你，像是一句劝说，也像一声祈祷。随后云隙重新合上。天色更暗了。暗如黑墨，仿佛夜幕已经降临到荒原。你正在阅读《哈姆雷特》第四幕，突然停了下来。"我们想要做的事，应该立即去做，"丹

---

① 埃米利亚诺·萨帕塔·萨拉萨尔（Emiliano Zapata Salazar, 1879—1919），墨西哥农民革命领袖，1919 年 4 月 10 日遭伏击身亡。

② 布斯里昂德森林（Brocéliande）位于布列塔尼大区中部。

麦国王克劳狄斯感叹道。你抓起雨伞。你要去被大自然的巨手掷落得乱七八糟的石堆那儿吗？在斜停着一排马车的台阶前，你向老板娘克罗斯夫人打了个招呼。她有些担心地回答道：

"等等再出去吧，谢阁兰医生，变天了……"

你变得很虚弱。疾病使你日渐消瘦，连你的亲人都认不出你了。你的脸色像玉石一样苍白，手几乎是透明的，以前肌肉发达的臂膀也变得像老象牙一般，只有你那浓密的鬈发可以证明你的实际年龄。你本正当年富力强，仿佛身处安全的浅滩，但事实并非如此。海浪已经涌得很高，没过了你的双腿。你过量服用镇静剂和安眠药，还注射过海洋水血清①。

十二年前，也就是 1907 年，你的第一部作品《远古人》(*Les Immémoriaux*)问世。为了给这部作品争取龚古尔奖，你礼节性地拜访了当时的评委儒勒·列那尔②，希望得到他的支持，尽管后来，他在他的《日记》(*Journal*)中对你恶语相向。你包里揣着法国水星出版社刚印好的样书站在列那尔家门口，给他留下的印象是"体弱多病、脸色苍白、憔悴不堪、头发乱成一团"。严苛的列那尔没有感知到更本质的

---

① 法国生理学家勒内·昆顿（René Quinton, 1866—1925）对海水进行了大量研究，发现人类血浆中的矿物质成分与海水中的矿物质成分之间的相似性，从而发明了海洋水疗法。

② 儒勒·列那尔（Jules Renard, 1864—1910），法国小说家、散文家。

东西：你早已不是未经沧桑的少年，你曾在海上赶路，曾坐着火车摇摇晃晃前行，曾在泥泞的雪路上跋涉。龚古尔奖落空，那就算了，反正你想要那笔奖金也只是"为了能写作另一本书"！他们更是激起了你一腔热火！

天一拂晓，于埃尔戈阿森林这支双簧管就妙音四起。潮湿的空气让它气息饱满，奏响沾满露水的树叶，发出沙沙声，其中还混杂着叽叽喳喳的鸟叫声。这掩盖了所有奇怪的声音，一切都仿佛失去了重量。那么是什么声音钻进树丛，撞上石头，发出"哗啦"一声，又在朝拜者靠近时退了下去？是独角兽的哼唱吗？谁住在那里？谁又去到那里？维克多，一连几天，你带着书和笔记本，戒掉鸦片，拄着拐杖在矮林里不断敲击着地面向前探路，追逐一片天空，一池荡着涟漪的湖水。你，全神贯注但疲惫不堪。你在找寻着灵感。

你的妻子伊冯娜给你预定了酒店。这家酒店在菲尼斯泰尔名声斐然，餐饮丰盛可口。后院的花园挨着森林，景色宜人。酒店远离乡村与集市，环境静谧。1919 年 4 月中旬，她对你说，等你身体好些，精神和力气明显恢复的时候，想去哪里就去哪里，但身体不适时就要静养。她也"无比希望到森林里去，呼吸所有花香，沐浴整个春天"……那时她只有三十五岁。

因此，虽然你曾于 4 月底在这里短暂逗留，但是又在 5

月 7 日回到这里。伊冯娜于 5 月 10 日至 11 日，以及 5 月 17 日至 18 日来此与你会合。但大雨瓢泼，冰雹击打着餐厅的玻璃窗。你用手指在蒙了水汽的玻璃窗上画了一个圈，里面添上了谜一般的笑脸，就像柬埔寨庙宇里佛像的笑脸。在装满坎佩尔①陶碗的碗橱之间，壁炉里的火苗噼啪作响。你盖着毛毯在读书，夹鼻眼镜的一块镜片裂了缝。你喝了几口茶。在有菱纹柱子后面，一个女佣偷偷观察着你，你与其他客人不同，你像是一个忙碌的教授，全然不像在度假。

　　在贴着树叶图案壁纸的房间里，你交替给埃莱娜和伊冯娜回信，信很长，书写认真，笔迹却稍显凌乱。你品味着菲尼斯泰尔的退休生活，品味着在古老凯尔特国度的"隐居"，这非常有利于你恢复健康，或者说帮你跨过一个坎儿——"在得到我想要的东西之前，我不会离开这片好客的森林。"的确，你既不想重新考虑同行的诊断，也不想提及任何医学字眼。战争的动荡之后，数百万人死亡，而后是在欧洲肆虐的西班牙流感，相形之下你觉得你的情况无关紧要，因此大家无需再来搅扰你。然后，只有"耗掉无限的精力"，你才能完成"常人简单的动作"，才能走到森林边缘，

───────────────

① 坎佩尔（Quimper）位于法国西部，菲尼斯泰尔省省会城市，该市的制陶业有三百多年的传统。

6

越过河流，而后看到古坟。这是精神上的苦恼。

*

因此，于你而言森林胜过一切。不管它絮语连连，还是寂静无声。太阳光照在巨石上，让你感到一阵晕眩。天空最好是灰金色的，你独自一人，为了摆脱焦虑，顺其自然，泰然自若。前面的小路相互交叉而后分开，最终消失不见，交织出错综复杂的可能性。其中一条将你带到有瀑布声处，汩汩水流穿过草丛，拂过鹅卵石以及长满苔藓的礁石——很明显，布列塔尼也会有中国风。体型巨大、重达数吨的乳齿象倒下了，在地下或者地上流淌的水中形成交织杂乱、横七竖八、仰面朝天的兽群尸体。你喜欢面对这种纷繁无章的叙事。你喜欢面对自然神殿中由石头和激流织就的网。你喜欢面对从过去解构而来又掷地有声的故事。树丛中甚至有一个瞭望台，这可能是封建时期修建用作放哨塔的小土岗，如今被植物占领。这座小土岗甚至让人以为是凯尔特的国王们……或者中国的皇帝们让人给他们修建的坟墓。就是在那里，在荆棘丛中，在河水咆哮的河洞①之上，你想永远地躺

----

① 此处作者采用大写，指的是"达宇河洞"（gouffre de Dahut），典故来自关于布列塔尼神话城市伊苏的传说。

下去。据证人说，你像是睡着了，"那么帅气，那么沉静，没有一丝痛苦的痕迹"。你会精雕细镂这最后一幕的每一个细节吗，就像一位失势的统治者希望别人任由他死去，腿上溅出一道鲜血，姿态高昂地向森林深处走去？

那时，你同时爱着两个女人。你把埃莱娜的信读了第二遍，这位女朋友身材高挑、野性奔放，她的信总是以"H"结尾。这是在 1919 年 5 月，一个很难天天保持天朗气清的月份……你又拿过伊冯娜的信，她的面容仿佛出自拉斐尔前派画家笔下，透着柔情，充满母性，你一直喜欢她"脉脉含情的双眼"。她不遗余力、全身心地倾情于你，仿佛要唤醒一个溺水的人。你曾向她倾诉，你只希望能见到明天，崭新的明天，能尝到活着的滋味。又是一道耀眼的光，是哪一道？事实上，你患有重度焦虑症，一直在服用镇静剂，寄希望于回归自然，到即将出现的阳光下，重新出发，从头开始。你对她撒谎，就像对其他人一样——心脏突然停止跳动如同发动机突然熄火了。"我更依赖森林，"你补充道，对自己的话似乎将信将疑，或者这句话是双关，好像你已经知道于埃尔戈阿森林带着它的传说在等你，你走过了骑行少年的青春时光，来到了生命尽头。

你会制定一个计划吗？"随时准备着就是了。"哈姆雷特王子重复道。

短暂的晴天吸引了你，你忘记了桌上的茶，茶已经凉了。女佣拖出椅子，铺好桌布，摆好餐具，然后回配膳室去了。克罗斯夫人向墙裙上过漆的餐厅里瞥了一眼后走开了，她不喜欢打扰你，因为你沉默寡言，很少答话。是碍于你的军衔吗？还是碍于医生的身份？都不是！是一种本能的不满，使你成了一个独处的人……天还在下雨，连续下了一个小时，雨水打在磨得发亮的岩石上，石头圆润光滑得像鲸鱼的背。爬到阿尔让河①对面的瞭望台上或者回到摇椅石②上都无济于事，这块石头重达一百三十七吨，靠石棱的支撑保持着平衡，但只要找准支撑点，轻轻一推，它就会摇晃并且发出震动声，就像用纸板做的装饰品……你走到这个地方了吗？

　　起风的时候，河流的"汩汩"声一直传到你的房间里，房间变得像山洞一般，更加清冷。然后，阳光从云隙间露出头，翻个身拂过年久变色的家具、水晶吊灯、挂钟、壁炉上的烛台。木地板上是变幻的光影，仿佛折射出许多光怪陆离的动物……你叹了口气，又开始自言自语："死亡，睡觉，可能会做梦……"在你看来，你没有任何病症，但情况不容乐

---

① 阿尔让河（Rivière d'Argent），法国河流，位于于埃尔戈阿。
② 摇椅石（Roche tremblante de Huelgoat），位于于埃尔戈阿，长 7 米，高 3 米，经年腐蚀后，手一推便晃动，但保持着平衡。被列入法国非物质文化遗产。

观：“我没有被确诊什么大家熟知且很容易察觉的病症。然而，我的确像是染了重病，我只是感觉生命在离我远去。”

1 月你在巴黎圣宠谷军医院①精神科住院，2 月 10 日至 4 月 1 日又在阿尔及利亚一位朋友的花园洋房里休息了六周，但没有任何好转。你看起来很疲乏，会因为“肌无力”摔倒在地。“我确定这是同化作用紊乱，没有任何症状，医生也不会察觉……”你仿佛泄了气，身体失调，你的保护墙一面接一面从顶部松动，摇摇欲坠。你崩塌了，受到了身体“很不仗义的背叛”。你的身体可能开了一口井，吸收着你的生命之水。

你像海马一样骨瘦如柴，还拒绝称体重，假装精壮有力，实际上已经筋疲力尽。你对你的朋友、远行时的同伴拉蒂格（Lartigue）谈到每况愈下的身体时说：“这病快快的身子已经纠缠我很久了，但它必须服从于我，我拖着它远游了很多次，虽然这看起来并不妥当……我越早停下，就意味着越早倒下。”是你试图摆脱的“黑色偶像”——鸦片所致吗？还是混用各种药物所致？如伊冯娜所言，“所有聊以缓解的镇静剂”，包括可待因、劳丹酊、巴比妥、可卡基酸盐。

明天你将去往何处？你会成为外出考察的考古学家吗？

_____

① 圣宠谷（Val-de-Grâce），位于巴黎第五区。

10

你会离开使你厌倦的海军和医学吗？你的作品呢？你面临一场严重的危机。与你同行前往中国的保尔·克洛岱尔①试图劝说你恢复基督教信仰来解除这场神秘的危机。你还面临感情上的分裂，因为伊冯娜和埃莱娜同时爱着你，你感受着幸福，也遭受着折磨，寄情于喜悦的时刻才能忍受慌乱的心绪。爱谁，背叛谁？这种缺失感，这些可能性，这些过往，这些未来，这一切都在加剧……

你患有"急性神经衰弱"，没有得到良好的治疗，也没有检查清楚，你因此获得了四十天的休假。但老伙计，这种病把你丢在大陆的另一端，你还会找回你的活力吗？就像于埃尔戈阿的那条河，经历过碎石坍落，依然流淌着，水光晶莹，水花泛滥。或者是否你已毫无期待，想在所有人面前隐藏起自己的干劲？

你带着被蕨草划伤的伤痕起床。这一次，阳光羞答答地钻到叶丛后面，一点点照到台阶上。但镜子里你的眼神比前一天更暗淡了，像是抹了一层灰，眼眶在脸上深陷下去。谁都能看得出你皮包骨头。9 点 30 分挂钟敲响了，你几乎没什么反应。但在 5 月 21 日星期三这个天气晴好的早晨，你好像

---

① 保尔·克洛岱尔（Paul Claudel, 1868—1955），法国诗人、剧作家、散文家、外交官，是虔诚的基督徒。

受邀参加一个典礼，穿上军官制服，带着厨房提供的备用饭菜，决定到远离酒店的地方过一天，因为有一批游客即将抵达酒店（酒店已经派车去火车站接站，他们带着吵闹的孩子，还有许多行李箱）。你没有同伴，也没有狗或短耳圆肚的蒙古马陪伴。你本来穿了"中国的大皮鞋"，之后折回来向女佣要一双更柔软的、不那么高的鞋来换，女佣给这大皮鞋擦了鞋油之后忘记还给你了。你爬上被雨水冲刷平整的小山岗，看山毛榉的树冠，听水流在河洞处打漩儿的隆隆声，背后淡紫色的天空宛若一幅版画。有一棵橡树的树桩被护林员削成了楔状，它杵在那儿，就好像一支箭插在了瀑布呼啸而下的斜坡上。你在口袋里装了一把小折刀。

　　在水、石、树的交会处，你留下了最后的脚步。顷刻间，你的腿上出现一道鲜红的伤口，像一道沾满印泥的中国官印。

2

近一个世纪过后，英格兰大酒店还在那里，在道路转弯处，自从这条路铺了沥青，交通变得更加繁忙。这个 7 月这座酒店开始翻修——房间被打通，重新布局，不久后每一层都会设有私人套房。入口处也安装了推拉门。装修工程似乎要长时间继续下去。餐厅里堆满了脚手架、油漆罐、工具箱和线缆。装修工人撕掉了画有树叶图案的墙纸。相反，左边保留了前台以及前厅的壁画，壁画上精巧地描绘了布列塔尼村妇以及戴着花边圆帽的男士，画面依旧栩栩如生。我探头探脑地走上三层楼，把手搭到楼梯的扶手和栏杆尽头的圆球上，它们还是以前的样子。

我小心翼翼，一直走到后院的花园，一棵树干长满棕毛的棕榈树紧挨着墙生长，一架微型的风车立在波浪状的草坪上旋转。继续往下走，森林的第一排树木即刻映入眼帘……我能看到你吗？看到你从走廊悄悄来到开满花的森林边缘，就像法国水星出版社老板安德烈·丰泰纳（André Fontainas）描述的那样"儒雅、沉稳、稍显冷漠、举止文雅、待人亲切"？然而，不会看到你了，你已经不在了，维克多，很久以前就不在了，不再是这座酒店里倦怠的房客，也不再是花园里的读书人。你消失了，在此的回忆也几乎全部消失了。

隔着花园的栅栏，隔壁邻居向我解释说，这座大楼曾风光一时，勒内·科蒂①总统、尚·嘉宾②、蜜雪儿·摩根③都曾入住过，对于你这位作家的名字，他多少有点印象……如果我愿意，给他一点钱，他会带我到森林里去。这回轮到我逛森林了，由这位邻居做向导，他熟悉森林的每一个角落，了解每一个传说，认识每一块长满青苔的石头。我做出这个决定是因为他告诉我，他曾是一名经验丰富的优秀猎手，善于辨别矮树丛和适合藏身的地方，紧紧靠小费就赚够了他房子的钱，所以带我去森林没有任何问题。找一天早上，黎明出发，他特地告诉我，要穿一双结实的鞋子。对，结实的鞋子。我打了一个寒战。

---

① 勒内·科蒂（René Coty, 1882—1962），法兰西第四共和国第二位也是最后一位总统。
② 尚·嘉宾（Jean Gabin,1904—1976）是一位法国演员，曾主演许多经典电影。
③ 蜜雪儿·摩根（Michèle Morgan, 1920—2016），法国电影女演员。

1946 年，安德烈·布勒东①带妻子住在这里度假，后来他于 1966 年又来到这个酒店，决心要找到被你——维克多，称作"在此献身的三个地方"，无疑就是你曾享受云雨之情的树丛。这既是在打哑谜，也是表达一种敬意。通过这些地方找到那种"谜底揭晓"的感觉，就像在儿童游戏中需要靠近某种东西，这种东西可能会带来答案，可能意味着角色改变，也可能代表挑战失败。

另一位诗人，最近去世的阿兰·儒弗瓦②回忆，他曾路过这个地区，在酒店大厅里见到了在此住宿的超现实主义之父。就这次重要的碰面，他写下一篇文章《大自然的门厅》（L'Antichambre de la nature）。开篇这样写道："我了解了晴天霹雳的一切/她独自在英格兰酒店大厅遇见我/于埃尔戈阿的钟楼敲响上午九点一刻/当我经过安德烈·布勒东的房间/我们在门口穿反了鞋子……"

在这首诗里，诗人写到了让人颤抖的摇椅石、蓝色星座以及霍皮族娃娃（poupées Hopi），还谈到了穿鞋的错误，这当然是指安德烈·布勒东的鞋子。我与儒弗瓦取得联系，希

---

① 安德烈·布勒东（André Breton, 1896—1966），法国作家、诗人，是超现实主义的创始人。

② 阿兰·儒弗瓦（Alain Jouffroy, 1928—2015），法国诗人、作家、艺术评论家。

望了解更多，他"从布加勒斯特回来"后，给我回了信，信里充满激愤和厌烦——过去的事似乎让他发怒，他曾被开除出超现实主义小组，这件事他说过上百次。比起回忆过去，他更喜欢活在当下。尽管我以前读过他在西格尔出版社出版的诗，尽管我们在巴黎住得很近，仅隔着4站地铁的距离，但他从来没有约见过我。诚然，比起他的诗作，我对他们的"跟踪对象"谢阁兰，以及对布勒东尝试一个人或和他一起在于埃尔戈阿找寻的磁场更感兴趣。他不了解这一点，于是更鼓励我把他最新的诗集找来读。后来我照做了，其中我记住这句充满灵气的诗："永远是今朝，处处皆此地。"

*

但维克多，你到底是谁，在1919年这个令人失望的春天？在之后的数十年一代诗人陪伴你、追随你，仿佛他们通过芝麻开门来到了充满心灵感应的布列塔尼。关于你的传说如此接近事实吗？

让我们回想一下：1878年你出生在布雷斯特，出身卑微，你的父亲维克多·约瑟夫是个凡夫俗子，没什么见识，是"海军军需部的录事，也是房东"。他是私生子，被抛弃，又被捡了回来，随了母亲的姓，他的母亲叫玛丽·夏洛特·谢阁兰，是一名佣人。在这种极端笃信天主教、思想封闭的环境里，有一个私生子父亲是与生俱来的污点，你一直想摆脱这个污点，所以你一直在逃避。

为此，你母亲安布罗瓦兹·拉朗斯显得强势、专横、吝啬，且极为虔诚。你后来有一个妹妹叫贞德。但你作为长子，让父母引以为傲，他们自豪的程度不亚于为你操心的程度：婚后期盼多年怀上你，而后你早产，呼吸困难，无疑"不同于其他孩子"，后来你变得多动，太过瘦弱，高度近视，却对绘画和音乐天赋极高，可以自己创作。你性格紧张，意志消沉，在这样一个昏暗的二楼房间里咒骂抱怨。房子位于圣马丁工人区，也就是以前的"布雷斯特合并区"，灰色的墙，没几扇窗。你是个少见的"天才"，过度敏感，容易产生联觉，这是天生就有的感官联想——"就个人而言，我会清楚地将不同音调及三个元音与不同的色彩联系到一起。"从早年开始，忧郁便常伴你左右，正如你一直有听凭自己意愿做事的愿望，你说"小时候，我从没有停止抗议"。

你幻想很多，读书很多，以此来逃避庸碌狭隘和完全规划好的生活，逃避这种仿佛有毒又无法摆脱的烦恼。你还对自行车着迷，在近便的小路上骑来骑去。自行车为你打开了通向田野、森林、山峰、地峡的大门。没有这小铁驴，你会闷死……你有不可抑制的"移动欲望发作症"，这将你从

"深居简出，呆若木鸡"的青春期生活中完全解放出来，在自行车上飞奔，去外面看看是不是别处的草更绿，波涛更汹涌。这种情形下，没什么能让你害怕。你甚至表现得不可阻挡，倔强又爱动。"我对自己严厉至极……从而能锻炼自己，做到从不屈服，"你说。

音乐首先救了你——在你母亲这边，你与格拉斯家族过从甚密，格拉斯家的儿子让，是一名军官，后来成了著名的作曲家。后来，你闭口不谈自己的疑惑，用尽所有力气练习花剑、铅球、体操和马术，你希望永远不要偏移航向。你对自己的选择坚定不移。在被上帝抛弃的世界里，你把追求不同对立物之间的平衡作为信仰。而后文学，尤其是诗歌成为你的信条，令你念念不忘。

在雷恩的耶稣会接受了一段枯燥乏味的教育之后，你对天主教教义及四旬斋（大斋期）、罪孽的形象厌恶至极。后来你又去了波尔多海军医学院学习，晋升为海军军医，完成了关于文学作品中出现的神经症的论文。《逆流》（*d'À rebours* 1884）和《那边》（*Là-bas* 1891）的作者若利斯·卡尔·于斯曼①成了你的推荐人。

---

① 若利斯·卡尔·于斯曼（Joris Karl Huysmans, 1848—1907），法国作家、艺术评论家。

你的第一份差事却跟这些毫不相关，那时你穿着湿漉漉的衣服，吃着哈喇味的食物，工作拘泥于形式主义：横穿过美国后，你在 1903 年到达了波利尼西亚。你登上了补给舰——杜伦斯号①。在不同的岛屿之间，你感受着冲击和全新的发现："这天早上，天一拂晓，仙境便出现了……塔希提岛上高高的山峰，时而生硬时而柔和的剪影映在泛白的天空下……"你发现了高更的遗作，野蛮人，被阳光照射如燃烧的礁屿，肉体的性感、水果的芬芳带来的快乐，对此，你悲叹西方文明仿佛是台碾压机。你从那里回来后，心情愉快，深受震撼，变得非同往日。

1905 年，你经由爪哇岛、雅加达、科伦坡（佛教印记）、吉布提（兰波的踪影）以及埃及回来，之后又去发现中国的奇妙。你先是在北京任见习译员，而后在天津北洋医学堂当教官——你会讲英语。从 1909 至 1917 年，除去从军的那段时间，你曾三次旅居亚洲，期间进行探险、考古，还有对"麒麟②的追寻"。你短暂的生命中最好的时光，深深地被建筑、风景还有朝代更迭所吸引。这是你人生中最复杂也最辉煌的一段，因为这将是你创作的灵感。你从此确信外部世

---

① 杜伦斯号（La Durance），原法国海军杜伦斯系列（Durance Class）综合补给舰之首舰，1999 年从法国海军退役后卖给阿根廷海军。

② 原文为"licomes"，直译为独角兽，此指麒麟或獬豸，本书统一翻译为麒麟。

界能抚平你的焦虑，反映你的问题，更进一步，有助于你探索内心，止住饥渴，让你的存在有回响。这么多去远方的旅行都只是你内心的旅行……最后，1918 年，你彻底回到了布列塔尼，几个月后去世，仿佛精密机械被折断。

*

1919 年，命中注定的一年，你还是一名海军军官，但大海和拥挤嘈杂的环境使你烦恼。你是布雷斯特医院的医生，对日常工作已失去兴趣——确实，战争给欧洲留下了虚无和荒诞的滋味。你是一家之主，爱着三个孩子，他们分别是伊冯（Yvon， 1906 年出生）、安妮（Annie， 1912 年出生）、罗南（Ronan， 1913 年出生），但你的爱刻板又冷淡。你是一名四十一岁的诗人，作品很少，只出版了一本书和两本小册子，每一次都漫不经心。你与多位高水准的艺术家保持着联系，比如古尔蒙①、蒙弗雷②和德彪西③。你是一个戒不掉鸦片的名副其实的瘾君子。你是唯美主义者、博学的汉学家，还是不倦的旅行家——但是，从此后你听从精神科医生

① 雷米・德・古尔蒙（Remy de Gourmont, 1985—1915），法国作家、记者、艺术评论家，后期象征主义诗坛的领袖。
② 亨利・德・蒙弗雷（Henry de Monfreid, 1879—1974），法国探险家、文学家。
③ 阿希尔・克洛德・德彪西（Achille-Claude Debussy, 1862—1918），法国作曲家。

和神经科医生的劝告，被迫进行"彻底的休息"。这并没有阻止你的期待，你只盼着能存好行李、穿上马靴、展开地图，重新上路。

私生活里，你对待你那高挑的女朋友埃莱娜时表现得表里不一。迷人的 H，对你多么地投入，而你则假装抗拒她。在伊冯娜恳求她放开你之前，她曾对你坦言，"你对我有一种永恒不变的吸引力，我无法不回应。"但伊冯娜也曾考虑，只要能救你，她愿意"分享"自己的丈夫。这是忠诚的背叛。

"我总是感到很累，但这只是些不值得细说的问题，有一点肌肉萎缩，"一年前你借助这样解释骗过了大家。焦虑、失眠，这些病症反复发作，于是你烧掉了自己的日记。事实上，你这是在做了结。投身这场考古的历险，在地球的另一端，一切都走到了最后吗？这样能最终抵达你"内心的中国"吗？没有任何决定，没有任何财产，你输得精光，身无分文。你扔掉了钥匙，拒绝接受判决，你的生命正在退潮。

你步履匆忙，在一切消耗殆尽的情况下，你没有再去大酒店的餐厅。你用脚步丈量着亚瑟王和圆桌骑士时期的古老森林，浸没在"大树和矮林的混乱中"，走到河流那里似乎是为了找回你的大方向。你一字不改地重读你的诗集《西藏》（*Thibet*，中间多写了 h）中的诗节。"我作一首关于攀登和努力的抒情诗来向那不再强壮的肌肉报仇。"或者你重念《哈姆雷特》中的大段独白，"此时，此刻……"

周末，你迎来伊冯娜，你管她叫"我的娜娜"，你们去散步，兴奋又不安，你们拥抱在一起，枕着苔藓做爱，就像 5 月 10 日、11 日，以及 17 日、18 日那样——或许那时，比起她，你更想念埃莱娜？因此有了"三个献身的地方"，其中两处在河堤的断裂缝合线上，还有一处在灌木丛里。在这几个地方，你们互相缠绵，仿佛本体已经从世界上消失，你们又变回了情人。你难道没有意识到这是你人生最后的时刻呢？

你在从市镇通往火车站的半路上等你的妻子："我们很快就下到河洞下游的河沟处……"那时你在离自己内心最近的地方，即使你遭到身体"最令人恐慌的对待"。即使你呼吸困难，即使你情况不妙且越来越差，你仍然试图骗过她。

你躲在树林里，周围是荆棘丛生的荒野，风吹过，欧石楠像羊毛一样交织在一起。你置身"阳光和自然占据半壁江山的国度"，迎接你所能接纳的，迎接沁出的露珠。一年前你写道："只需要找到门；如果没有门，那就找到缺口——或者是裂缝；如果什么都找不到，那就让墙变得透明——很长时间以来，我为此耗尽精力。"因为你预感到了，这是一场不同寻常的约会，在瀑布旁，在封建时期的小土岗上，在枝繁叶茂或细长如剑的树木中央。这就像是为有大段独白的独角戏演员搭建的舞台——这是你的舞台。这是你最后一首诗，描写水流在岩石上歌唱，岩石被砂砾磋磨。

是时候了！你从餐厅的喧闹声中，从上菜的叮当声中，从磨坏的地毯般乏味无奇的对话中逃开。我看到你穿戴整齐，在山楂树后站得笔挺，显得有些着急，手里拿着用纸包好的三明治，一个不太方便携带的大口水瓶，把莎士比亚的书夹在腋下……

你顺着台阶一溜烟儿下去，向其中一个车夫打过招呼，然后来到森林边缘。阳光下树影斑驳，你从淌水的小路上走进森林，车辙轧过泥沼，留下痕迹。循着潮湿的气息，你消失在了腐殖土、石头、激流和沙子的气味中。你将消失在第一个转弯处，在乱石中，在河流蜿蜒处。但是，在必要时握紧船桨，就像曾经在长江的险滩上，你拿起艄来为驳船掌舵，看着水的漩涡越来越大，但丝毫没有丧失勇气。你等待着浪花冲上来，又落下去，地平线被打乱，又舒展开来。是生存还是毁灭。

*

林中的灌木簌簌摇动了一阵。空气中透着隆隆声——是瀑布和河洞的声音。在更高处，一块岩石反着光，仿佛灰白色镀了金。一个刚做牛倌的男孩儿，手里拎着笼头，看你从路边经过。他穿着外套，戴着贝雷帽，踩着木鞋，用翻袖口擦擦鼻涕，眼睛眯缝着，整个人瘦得皮包骨头。他让你想起1909 年瞥见的另一个年轻人，在烟馆大吸一顿之后，在步履维艰的中国小道上，出现了令人惊奇的自我幻视现象：那是你，你看到了你自己。你看到你小时候，十五岁，瘦弱，头发乱糟糟，穿着被太阳晒褪色的浅褐色外套。这虚幻的灵魂在偏远地区，在"旅行半途或者回程"中游荡，不抱一丝希望，因为"已经死去多年，他是幻想在这里，就像在假装"。他"没有看我，或者可能看不见我"，他要去哪里？而你实际上拖着疲惫的脚步，走在碎石堆中。"谁是我，而不是另一个人？"他使你不禁这样问。

但布列塔尼的这个男孩任由你继续走。你经过他时离他那么近，都可以闻到他身上的味道，那味道让你想到大地、黄土，那金黄色、带着潮气的尘埃。你带着幻觉在叶丛中游走，衣袖被树枝划过，裤子上沾着泥浆。你应该走到迷宫的中心，在玻璃般的河流上游找到被大自然占据的那座小土岗，你将在那里安息。人只能独自死去。

几个星期前，克洛岱尔鼓动你去巴黎见他。他甚至想，如有必要，到布雷斯特来找你。你本想去一趟他工作的地方，推进一下自己的事情，来个一箭双雕，但最后一刻你还是放弃了。你害怕他"使徒般的狂热"，想到他声称要拯救你的灵魂的冗长说教，于是你在勒芒下了火车，去看了大教堂①的耶稣升天彩绘玻璃窗，除此之外没有去别的地方。由于这座城市充满喧嚣，到处是焦躁不安、急于回到自己国家的美国军队，你朝相反的方向离开了，来到你的于埃尔戈阿，隐居、写信，被"异常而痛苦"的孤独笼罩。

你的信越写越多。有给伊冯娜的，也有给埃莱娜的。给伊冯娜的用米白色信纸，给埃莱娜的用黄色信纸。收信地址是布雷斯特昂坦城5号，或坎佩尔洛克罗南路17号。你的署名一成不变：维克多。她们也在同时回信，口吻很强烈，用词很热烈，情况很极端。作为家庭女主人的伊冯娜希望得到在前线消失的军官丈夫的消息。埃莱娜也希望得知爱人的消息，希望他重回人间，回到她身边。而你呢，你在一片绿色中，期待重新找回看不见的激流。让你重新回到浪潮之中的激流——"拉力在前方，在远方，"你在《画》（*Peintures*）集中写道。那时你正认真准备着又一次前往中国的行程……

你的行李箱依然装着满满当当的提纲、草稿、已着手的作品。你的作品几乎全部成了遗作——让人感觉这些作品的

---

① 指勒芒圣朱利安大教堂（Cathédrale Saint-Julien du Mans）。

作者离开了，像是被更急迫、更重要的事情叫走了。在你去世前一年半的时候，你自嘲地评价自己的境况，确信你装在配有藏传佛教饰带的文件夹以及花饰蓝丝罩的盒子里的材料足够写"三个剧本、十部小说、四本随笔集、两部世界理论作品、一部诗集、一部描写异国情调的作品、一部美学作品、一部研究彼世的论文集、一本未知事物的汇编"，外加4000篇文章。"我积累了一个又一个提纲，却没有完成一部作品……"

在这大量的素材中，你仅仅提炼出了三部作品：用笔名发表，描写塔希提岛的小说《远古人》（1907），《碑》（*stèles* 1912、 1914），《画》（1916），还有 1902 至 1917 年之间在杂志上发表的六篇散文。你去世半个世纪后，十五部没有写完或者没有定稿的作品一一问世，从《俄尔甫斯王》（*Orphée-Roi*）到《砖与瓦》（*Briques et tuiles*），还有《为大地而战》（*Le Combat pour le sol*）、《岛屿日记》（*Journal des Îles*）……尽管有少数同辈人曾给予你鼓励，但你在世时一直是没有名气也没什么希望的作家，用你的朋友奥古斯特·吉尔贝·德瓦赞（Auguste Gilbert de Voisins）的话说，你"不起眼到不为人知的地步"。你只是一个有能力的医生，会作诗的中文翻译，自炫是爱书之人。但没有人怀疑：你置身一堆笔记、草稿和提纲之中，沉迷且坚定，还随时准备投身地理学，仿佛那就是解决方法。此刻，你被抛弃、感到迷失、一贫如洗……

　　当然，你本以为有时间和精力来恢复、整理、精简这一切。在一座"坚实又金碧辉煌，置身其中精神惬意的殿堂里"，你本可以用你的圆形字体将作品写完，就像一名顽强的朝圣者，在山间刺骨的寒风中朝着"中国西藏的极点"前进。这已不再是问题。岩壁风化碎裂，在你指间消失。你失去抓手，跌落山崖。

3

为什么重回菲尼斯泰尔省的森林呢？伊苏国王的女儿[①]曾在这里把她的情人们推下河洞。你觉得自己是布列塔尼人吗？你想找回童年的风景、最初的感受、凯尔特灵魂的基质、水源、风、水槽、树以及大地悠远的芬芳吗？你想晃动摇椅石，从而穿越到神话中吗？要如何整装出动才能找回那些你曾避之不及的东西呢？你是否被上帝的恩典所感动呢？这种被放大的幻觉让你视一切为唯一吗？或者，恰恰相反，你是否被疑惑蒙蔽了双眼，满足于身边熟悉的事物？

诚然，去过为你孕育灵感的波利尼西亚和中国之后，你曾打算着手创作《布列塔尼远古人》（*Immémoriaux bretons*），但为时已晚。"我命中注定要写一本与布列塔尼或其周遭有关

---

① 传说伊苏曾是欧洲最美也最令人惊艳的城市之一，然而在公主达宇（Dahut）的影响下很快成为一个罪恶城市。她生活不检点，而后在早上将情人们杀害。因为她的罪恶，伊苏城受到惩罚，被海水吞噬。

的书，我的最后一本书……极具异域风情。一次旅行和古时的诉说：森林。无声的布列塔尼。"你急匆匆写下这些。1916 年 8 月，在有轨电车终点站附近的圣皮埃尔·基尔比尼翁镇上，在你的朋友吉尔贝·德瓦赞于凯拉斯科别墅给你租的房子里，你动了这个念头。吉尔贝·德瓦赞是你在中国的老同学，你管他叫"奥古斯托（Augusto）"。你放下烟斗，写下几行关于起源的赞美诗，这几行诗与你 1899 年的第一部作品不无关联。回到古老的国度，"祖先的尸骨……"你才刚打草稿，就放弃了。

尽管在勒斯讷旺①和布雷斯特的最初几年里你遭遇了不幸，很长时间里你都怀疑一切——学校、神甫、雨水、街巷、身体的羞耻感、道德风化、闲言碎语、你母亲让人蠢哭的怪想法，她想让你成为一名教士或者药剂师，总之就想让你成为名流显贵，但在布列塔尼，金色的光芒和温和的气氛深深吸引着你。大海和海岸线让你生厌，你不把它们放在眼里；与之相比，你更喜欢内陆，那里有山谷和小溪、树木、直立或平卧的石头、羊肠小道。你骑着那辆价格不菲的鲜红色自行车，在那片腐殖质土地上兴奋地来来回回。你感受着那里的宁静，以及清亮、清脆的歌曲。你在那里还找到了重

---

① 勒斯讷旺（Lesneven），法国菲尼斯泰尔省的一个市镇，位于该省西北部。

新出发的冲动，贪婪地渴望付出努力，把凯尔特国度当跳板，以便逃离。

在你年轻时写的文章中，有一篇游记：几个骑行伙伴一起，沿着一条路线远离布雷斯特和坎佩尔。你们来到于埃尔戈阿，发现碎落一地的石块挡住了去路。你们惊慌失措："天灾在那里发生，白色的断口吞噬了那个地方，就像一块骨头透过血肉被压碎……"然后，过了采石场，看到小溪、矮树丛、栗树下的灌木丛、野猪洞，你们惊叹不已，惊叹于亚瑟王的传说，感慨于这未被尘世沾染的情感。可以说这是神圣的。这是 20 年后你重游此地的原因吗？也就是说，除了布列塔尼这片藏着许多秘密的内陆森林之外，再没有其他可以触知之物了吗？这里是你的基石。

你厌倦了拥有芒果色光泽皮肤的塔希提①未婚妻后，有没有在那椰子树和礁湖遍布的国度看上一位"娇小可人的雷恩女孩儿"呢？而你最后娶了一个布雷斯特人，伊冯娜，她乖巧，又那么善解人意。至于在马克萨斯群岛最尽头的那座被装饰满高更式激情的波利尼西亚传统住宅里找到的画作，它于 1903 年被拍卖，画中除去一辆有篷小推车和布法罗公司生产的卡宾枪，描绘的不正是雪中的菲尼斯泰尔小村庄吗？

---

① 塔希提（Tahiti）：法属波利尼西亚向风群岛南太平洋。

多么讽刺啊。在距离布雷斯特数千公里之外，却撞上了"布列塔尼冰天雪地的景象"，尤其是你还花几法郎把它买了下来！布列塔尼每每都在唤起你的回忆，强烈的回忆。她永远不会放过你，这位小妈妈，她的"土地在低矮的天空下，呈现绿色和棕色相间的棋盘状"。在庞菲尔河①尽头，布雷斯特兵工厂的深处，你站在勒库夫朗斯②老区的船体间，想起曾和表姐妹们在另一个地方的半岛上快乐地玩耍——半岛上满是生锈的铁链、海鸥的骨骼、奇形怪状的卵石，年少的你们在浓雾中扮演着小岛的征服者。

还有更厉害的！你甚至把自己名字的拼写和发音都改掉了，把"西阁兰"（Ségalin）改成了"谢阁兰"（Segalène，没有重音，按照布列塔尼人的发音，重音要落在最后一个音节，读作"谢阁莱纳"）。你断言："什么都比不上带着乡音且响亮的名字。"按你的解释，你名字的含义是"一穗黑麦"。我们承认，这个名字的确更美，或者说它成了你一个人的东西，摆脱了家族历史的重压，像打开的豆荚，有些酸涩，比起法语名字，倒更像是凯尔特语的名字。一个"西部的名字，而且是最西部的，来自菲尼斯泰尔这片土地的尽

---

① 庞菲尔河（Penfeld），法国的一条沿海河流，长 16 千米，布雷斯特城沿该河左岸发展起来。

② 勒库夫朗斯（Recouvrance），布雷斯特的一个历史街区，位于庞菲尔河右岸。

头"。既然你会带着这个名字在悬崖边经历风吹，在河流蜿蜒处接受洗礼，"谢阁莱纳"将是舞蹈着的"西阁兰"，就像是非洲面具所营造的仪式感。谢阁兰，所以……

*

从 1918 年初开始，你住在法国的巴黎和布雷斯特，在医院工作。你的长途旅行，连续六个月、十个月待在陌生环境中的日子，已成为过往。如果说波利尼西亚在很远的地方，那亚洲更不用说了。在此期间，你又来到菲尼斯泰尔的小港口，你对这里既喜欢又不满，于是重新搬到昂坦城去住。在修道士单人房似的住处，文件架上放满了画作和你珍爱的物品。1917 年，你最后一次旅居亚洲，利用为法国军工厂招募工人的机会，以军医的身份前去，在那之后，你的胃口重新被吊起。你不再满足于这些经历，选择重新出发。至少这些经历已不足以支撑你的写作。像动物一样原地徘徊让你感到心累，透不过气来。你从不向别人倾诉你的苦恼，几乎对一切都缄口不谈，至少不会说重点。

你来自世界的另一边，你以前在这个地方、在布雷斯特蒙着水汽的植物园温室里当学徒，你梦想见到"更大的花朵，体验没有感受过的快乐"。在"每个人心里都有的黑暗梦想"破灭后，在于埃尔戈阿，在水彩画般的森林里，你又回到了起点。雾气应在树梢消散，从而见到新的光线；你窥视着发出光亮的深处。

　　你似乎没有找到任何解决方法。你没能成功晃动摇椅石——是否有人告诉你河洞前这块巨石的支撑点在哪里，以及以什么姿势才能晃动它呢？你也没能身体力行地爬上山坡。有些目击者对你的相貌感到"震惊"："很矜持，特别瘦"，像幽灵一般。"身体最深处可能开了个洞，"你解释说。你闭门不出，四周一片安静，内心的不安无限蔓延，甚至让你的伊冯娜发火。她觉得你"优柔寡断"，甚至让人"难以忍受"，她为了照顾你疲劳不堪，而你却并不想康复……你的朋友让·拉蒂格解释说你"持续不断地创作，这让身体消耗殆尽"。1919 年 1 月 2 日，面对你"冰冷的状态"，他心慌意乱地补充说："维克多不在了。他可能会重生，但是哪一个他呢？现在，他已经从我这儿被夺走了。"

　　你还要继续待在布雷斯特的蒙蒙细雨中吗？去中国进行第四次旅行？还是待在巴黎，着手你的学院计划？你和法国远东学院合作，你的想法很宏大：出版一本中国考古遗址汇编，编纂古代编年史，整理地图、平面图和照片，从而在公使馆开一座汉学图书馆。设计一座文物收藏馆，将某些遗址的文物或是商人渴望得到的东西保存起来。再次进行挖掘时，按你的理想，在北京地段好的地方建一个靠法国拨款的基金会，你来当头儿，从而保护那些经过数千年传承，已经变得难以识别，应该不惜任何代价进行保护的文物。重新恢复与历史的对话——并倾听这种对话，保留下些许东西。

世界似乎在你面前关上了大门：朋友变得疏远，房门紧闭，门厅里没有任何回音，内阁盖章的信件里什么都没有。你不会再去中国了，永远不再去，瓷器上的裂痕越来越多。你被提醒吃药；你就像在迷宫里，到处游走，寻找着洒下阳光的林中空地；你围着俯临乱石区的小山丘打转，这座人造的山丘会让人想起坟包，在这里时而能听到水声，时而变得安静，交替往返，你受到这水声与安静的指引。莎士比亚书中的一切都变得意味深长："让四个将士把哈姆雷特像一个军人似的抬到台上，因为要是他能够践登王位，一定会成为一个贤明的君主……"

埃莱娜试探道："谁告诉你他自己一个人位处中央，你没有感觉到自己的冰冷吗？"

*

1909 年 7 月，你在写给伊冯娜的一封信中塑造了一位中国君主的角色，并借他的嘴说："我是皇帝，我的墓地由我自己选。在我看来，山很柔和；就这儿了，这个隐蔽的角落将是我的墓地……我能忍受这小村庄，有时还能看到炊烟飘过……我的坟要一直凿到地心。"可巧，你就在那儿，在于埃尔戈阿，在观景台上。嘘！你在靠近。你慢慢爬上山坡，吃过午饭后，又从山坡上下来，去把你的水瓶装满凉水。这地方很陡。护林员削尖的根蘖扎到了你的脚后跟里，穿透了皮肤，胫后动脉被刺破了四五厘米。你摇晃了几下，晕厥过去，动弹不得。你总算把染了血的鞋袜脱掉，把手帕系到腿上，用来止血，但血止不住地流。当时，你没有从山坡上下来，回到大路上找人救援，而是一瘸一拐地重新爬上山坡去休息。你勉强爬上山丘，躺在了"草地的低洼处，这是一个陡峭的圆形山顶，悬于河洞之上"，此处是你曾和伊冯娜缠绵的地方之一。止血的手帕系不结实。为什么不用你的领带呢？你接连晕厥过去好几次。你似乎在说，真倒霉。就像一位死在舞台上的演员，身穿饰带装饰的上衣，外表无可指摘。那时你留下越来越多的线索：你把树叶、信件、照片夹在莎士比亚的书中，书页是你精心挑选出来的，甚至不戴眼镜就能找到这些书页，你想用不一样的方式表达另一件事……你在这里定居、等待（但等谁呢？），然后死去。一个"被咬过、吸吮过"的橙子放在一旁。

或者还有另外一个版本。为了保全面子，你躲到坟地的山顶上，故意躲在其中一个"献身的地方"。你独自一人，陷入最可怕的忧郁中，一切在你脑中一幕幕上演，做了很长时间的梦，其中有噩梦。那天可能不是星期三下午，而是星期四早上或下午，谁知道呢，因为到星期五晚上伤口处是血流不止，也是因为这个原因，你必须换一双鞋，换成低帮鞋，不然穿着行军靴，借口有可能会被识破。外套被卷起来，搭在颈背，莎士比亚的书因为夹了伊冯娜的照片和信而显得厚了些。你把手帕系在了手上，但没有系成红皮假鸟诱饵的形状。你拿一把野餐用的小折刀，像一位被判刑的王子或古代的哲学家，用医生的专业动作——你在需要被割开皮肤接受手术的病人身上做了上百遍这个动作——用右手在自己身上切了一刀，不是切在手腕上，割腕会违背你的意图，而是切在左腿脚后跟上方的胫后动脉上，制造被根蘖扎伤的假象。在坟地的山顶上，再无他事，只等待体面地死去，这是希腊人羡慕的死法，他们认为这会在记忆中刻下印记，并且不会被破坏……

你在发抖。眼前的景象混杂在一起。你的身体越来越重，像是被钉在了坟头上，在宽广的天空下，在风中，晕头转向，就像1914年在中国陕西挖掘出来的石雕动物。你的血液黏稠，渗入土地。你把刀子、眼镜还有一只鞋子扔在了山坡上，来完善这幅画。你的脚光着，仿佛是一块红白色相间的石头，孤零零地躺在宋代青瓷色的草上。你越来越虚弱，没有喊人求助，你想要这天然的坟墓。你很渴，咬开了野餐的水果好吸一点果汁。血在你周围流成了一块黏糊糊、叫人害怕的"台布"。你的手在树枝间寻找着什么，然后紧紧抓住。

是什么希望的征兆让你想去另一个世界，这征兆是用光与火的语言表达的吗？你早已远远地脱离了"白天的电影院"。你从帆船上跌下来，在看不见的浪潮中漂荡。你很长时间前就已不再是那个骑着大嘴麒麟的骑士，麒麟在粗糙的石块间，微笑着，神秘莫测——你画过它带小翅膀的尾翼，像"烟火和小花饰"。不，那里没有浅滩，海水很凉，穿着木鞋在铺满石屑的地上寸步难行。你吞下了险滩上酸涩的泡沫，无法呼吸；你尝到了河泥和黄土的味道。你体重下降，因为这让人害怕，所以从很久之前起，你就拒绝称量体重。你在于埃尔戈阿的邮局等着他们装好电话线，不是为了等埃莱娜这位最后的朋友的电话，她来到砌了护壁的房间，又把你带到了陡峭的河岸；也不是在等伊冯娜的到来，她曾两次试图让你回到她身边，如今陷入了绝望。疲劳感像"大象的大脚掌"一般在你身上踩踏，你说，你在中国西藏开始感觉到疲劳，它潜藏在"不知什么生命之源的低洼处/再到看不见的皱襞，直至我腰部的骨髓里/吸血鬼在享用我，住在我的身体里"……不堪忍受的埃莱娜倾诉说："我的朋友，你在那么遥远的地方，在情丝的另一端。"这情丝可不是在说什么"甜言蜜语"。可惜了你那首歌颂最高、最纯净之域，歌颂山巅、冰湖和云雾的诗。这首诗不存在了，诗节已经被打乱。

　　风吹得树叶沙沙作响，树枝摇摆不定——像在跳舞，摇头摆脑。你抬起头，陷入了以前作为疲劳过度的旅行者的记忆中。登山的路已经被阻断，你绝不下山回到大本营。"在场……缺席，"你在最后一封信中重复写道。最后，眼神放光的麒麟回到了山毛榉中间。它冲你微笑，你也冲它微笑，这一瞬间，一切都明白了。你紧紧地抓着它的鬃毛，已然不知道它是走在你前面，还走在你后面，抑或是与你并肩同行。这时布列塔尼的雨浸湿了你灰色的、无神的眼睛。

4

    维克多，我第一次见你是很久以前的事了，三十多年前，在巴黎沃日拉尔路过桥书店①的一个打折区。你站得笔直，样书封面上用铅笔写着数字 9。这座刷过漆的书店属于既是作家又是书商的马歇尔·贝阿鲁——让·波朗的朋友——我兴致勃勃地买了由他创作、芒迪亚格②作序的奇幻小说《水蜘蛛》（*L'Araigneé déau*），他还亲笔为我题词。

    这种情况让人想到 1962 年洛桑相遇出版社出版的瑞士版《勒内·莱斯》（*René Leys*）。"维克多·谢阁兰"已是多么美好的名字呀，就像西北风吹打着暗礁！这是一本中国侦探小说吗？我本能地这样觉得，什么都不能让我停下来，即使书中用语晦涩，结构像迷宫一样。这个故事让我好奇，故

---

① 过桥书店（Le Pont traversé），由法国作家马歇尔·贝阿鲁（Marcel Béalu, 1908—1993）于 1949 年在巴黎创立。

② 皮耶尔·德·芒迪亚格（A. Pieyre de Mandiargues, 1909—1991）法国超现实主义作家。

事的主人公是十九岁的勒内·莱斯，现实中的原型是一位名叫莫里斯·鲁瓦（Maurice Roy）的年轻人，他潜入了北京故宫内部。号称双重间谍、皇室情人，也是会读心术、可以瞬间反串的喜剧演员……我怎么能不被这种半真半假的故事吸引呢？这就像是在真实的紫禁城里上演的虚构连续剧。

我当时上巴黎读书，住在蒙鲁日酒店（Montrouge），该酒店位于 14 区，装修简单。无关紧要、没有灵魂、被人遗忘在火车站后面的城堡路却深得我意，因为超现实主义明星们环绕在它周围——1928 年，格诺[①]、普莱维尔[②]、阿尔托[③]和布勒东[④]在这条路 54 号集会。由于这条路安静，没什么活动，尤其是星期天，在那里，人们感觉仿佛置身乡野……

我在蒙鲁日酒店大概住了两年，住在走廊尽头的房间，从没想过搬家。我按周或按月给一个黎巴嫩人付房费，他总是连眉头也不皱地接过一个个装着十法郎的信封。房费不高，但房子破旧。升降梯经常被卡在楼层间，仿佛在抽噎。可谁会关心这事儿呢？除了门口上方的挑棚显得有些排场，

① 雷蒙·格诺（Raymond Queneau, 1903—1976），法国小说家、诗人、剧作家。

② 雅克·普莱维尔（Jacques Prevert, 1900—1977），法国诗人、歌词作家、电影编剧。

③ 安托南·阿尔托（Antonin Artautd, 1896—1948），法国戏剧理论家、演员、作家、散文家、诗人。

④ 安德烈·布勒东（André Breton, 1896—1966），法国诗人和评论家，超现实主义创始人之一。

还铺了一块厚实但从 1945 年就没更换过的地毯外，其他的任何设施都谈不上舒适。看门人脾气坏，又懒惰，角落的橡树就要枯死了，门房里用钉子钉在墙上的明信片已经发黄。起居设备需要与他人共用，包括淋浴。但我却很满足，一旦回到我那蜂巢式的房间，插上门栓，我就像摆脱了首都的车水马龙。蒙鲁日于我而言是一艘静止的小船。仔细想想，我从来没有比在那儿读书读得更好。我裹着粗呢被单，管道间吹来的风拂面而过，车流的震动变得很远，我竟有些担心，生活没有拥我入怀。因此，我像饿极了的苦役犯一样，贪婪地读着从塞纳河畔的旧书摊或从吉贝尔书店搜集来的口袋书，仿佛要把它们吞进肚子里……

那时我对你都知道些什么呢？你很像我家的长辈：都是布列塔尼人，还是布雷斯特人，都是职业军人，表面上信奉天主教，性格上都是守旧派，大都沉默寡言，擅长带着忧伤在世界各处停留。我家住在雨果路，这条路直通往大海，离你家不远，你家住在圣马丁区的一个小山岗，距离似乎只有海鸥的翼展那么远，仿佛是深灰色和钛白色相间的光芒。山岗下面是有船坞和锚地的港口，狭窄的入口尖尖的，就像一门大炮瞄向广阔的外海。一艘艘金属船舶在兵工厂前并排排开，这样的画面让人联想起一片蔚蓝色。出走又回来，风打浪，浪拍岸，你在风浪中不断质问自己，远离了海上微蒙细雨的水汽，这种质问在你脸上蒙了一层忧愁。又是新的大地！

　　你完成巴黎东方语言学院的课程之后，又通过了海军见习译员的选拔考试，从而有机会到中国实习两年来提高语言应用水平。1909 年你动身出发，满怀热情，就像那些被调往自己国家的殖民地或租界的人一样，决心前往这个新的精神国度，把北京变成自己私人的首府。你万万没想到红色的围墙让你的这种决心变本加厉，没想到它会成为你的一部分——从"中央帝国去到了自我的帝国"。最遥远的地方就是最隐秘的地方——内心世界。

　　随后，我读了你的诗集《碑》集，这是一部深刻、铿锵有力、格言式的诗集，又读了《画》集，它仿佛是慢慢展开的随行画卷，稍晚些时候读了意境美妙又如此押韵的《西藏》，最后读了《远古人》，这部作品是你关于波利尼西亚的巨著。你每次都表现得胆小又让人困惑。有些作家的作品写得很直接，令人快慰，你应该学习这一点，从而变得不那么倔强——仿佛你要向读者发出挑战。永远不要试着限制自己，相反，要走逃学的路子，按你自己的步调来走，在可能的情况下放手而去……"这是一部体现相互性的作品"，你在《画》集中表明，它对于每个人都有其"影响和价值"。你希望有"同伙"或者"配角"。读者们应该像我一样，接受你的暗中行动、你昏厥这件事以及那片林中空地。

从那时起，我对你的喜爱，如同喜爱高更、兰波、阿拉贡、史蒂文森、康拉德以及桑德拉尔一般，桑德拉尔仿佛图腾一般受到我的尊敬，他开着独臂吸烟者的玩笑逗你开心。皮埃尔·洛蒂也在其中，你却一点也不喜欢他，也罢，一双描画过的眼睛看一千种人生，不可能每一种都喜欢。洛蒂的作品装填了"永恒的乡愁"，他在他那包罗各国风情的房子里重构了他处，其中的时移世易让他难受。莫朗作品的特点是优雅、速度和生动。而凯鲁亚克是卓越的流浪者，他拖着包一直走到布雷斯特和普卢加斯泰勒（Plougastel）……

　　这第一个圈子还包括其他关系更近的人。首先是 1927 年搭乘明尼苏达州客轮移民到新奥尔良的大表哥，还有我的祖父，他是一名步兵军官，曾在印度任职，而后在第二次世界大战的战火和纳粹集中营的熔炉中永远地离开了。我把他1929 年在西贡拍的那张军人照带在身上，从不离身，照片里他戴着接骨木花纹的军帽，身着白色军装站在一片竹林里，因天气原因微微有些出汗。如此多的老战士和梦想家行万里路，漂洋过海，在身后留下了盖满章的护照以及一种叫"去看看"的病毒。这种病毒没有解药。

　　有一年我过生日的时候，一个在普隆出版社（Plon）实习的朋友给了我一张你的照片，玩笑说是她偷来的——这家出版社把你的《远古人》收录在"人类大地"　（Terre humaine）丛书中。没什么能比这件朴实无华的"赃物"更让我开心了！我们在照片里看到你骑着一匹白马，那是1910年在北京的一个被耙干净的院子里，院子后面，几条小路交织在一起。我把这张照片加入了我的收藏……

虽然这张照片已经印到了我的脑子里，但我又一次去看它的细节。你骑的是一匹短耳、矮壮且被阉过的马，它的马鬃被剃光了，马肚浑圆，像瓷器一样光亮。这是一匹蒙古马，它速度快，耐力久，跑得远。马夫给它套上了马具。它不耐烦地踢蹬着前蹄，啃咬着它的嚼子，在原地打转。你坐在马背上，上身西装革履，下身穿着灯笼裤，靴子擦得锃亮，像是一位富家子弟在星期天的下午练骑术，然而，你是一名有经验的骑马老手。这匹马是否像你前一匹叫"红马"的马，它可以"极为灵活地在车辆中穿行，它只有一个缺点，那就是一有欧洲人靠近就会很生气，也包括我吗"？总而言之，照片里你高兴地微笑着，这很少见。你甚至要大笑了。在中华帝国中心，骑着一匹任性的被阉过的马，你为何笑得如此灿烂？我寻思着。你似乎在回答，因为生活自有其代价，生活可以很传奇，但必须接受其中的代价和波折、打击和创伤、颠簸和缺失，在这可以包容一千种回声、一千种形态的世界上，有多少短暂的欢乐，就有多少无法摆脱的孤单。怀揣如此多的梦想，连续跑遍了那么多省份，在真实和想象间轮转，时而骑马，时而写诗，朝着太阳的方向向上走；太阳垂直地挂在天上，大方地等待着。在那里，你的情感将是炽热的、强烈的。在开放的无人之境变得更强烈。在开阔的地平线上，舞蹈。

在马刺的刺激下，马儿跳跃着，腿弯紧绷，满口白沫，弹跳着奔跑。马儿小跑着，踩得砂岩石板嗒嗒响，砂岩石板"在马蹄铁和鞋底的踩踏下显得柔软"。那天夜里下过雨，一切都在黎明前潮湿的微光中发亮。有那么几分钟，仿佛现实的轮廓被勾勒得更清晰，变得更强烈。跟布亚尔的约会就要来不及了，他是京汉铁路的经理，你曾跟他谈论过考古学。寺院的钟声提醒着算好的时间。展翅的鸟儿因此受了惊。就像中国人所言，那请您快点儿吧，谢阁兰医生！

在瓦檐楼阁之上，天空的紫色渐渐散去，变成了珍珠白色。天空倒映在湖面上，湖中长有花边状鱼鳍的锦鲤转着圈游来游去。在围墙高筑、夜间依然灯火通明的深宫内院之后，还有什么呢？多去看看这"他处"，对此充满向往，将之弄乱，用脚步丈量其每一个角落。在此地，"黄土地开始蔓延，着实令人惊异"，你坦言。布景展开，你就像国际象棋中的骑士，前进着，跳过障碍，打破限制，在四个方位上自由来去。离开昨天的路是为了抓住光明。维克多·谢阁兰为此上气不接下气。

5

从此后，你再没有离开过我。就像约瑟夫·康拉德小说里写的，一位船长在船的甲板上发现了一名很像他的逃犯，他把他藏在了船舱里，救了这个逃亡之徒，但除了船长之外，没人能看到他。你也像他一样变成了一位忠实但看不见的同伴，处处陪伴着我。如勒内·夏尔所言，你是重要的盟友，是举足轻重的朋友。我喜欢你的双重人格：既是在苍茫大地主沉浮的行动者，也是耐心十足的文辞匠人，在工作室中闭门不出。你是一位既博学又残酷的冒险家。为了成就作品，你历尽一切：秘密、顽强、行万里路、焦虑不安。

你说过什么，如此高亢，如此有力？你说没有想象就没有真实，反之亦然。你说想象成就了真实的深度，使之更有生机、更真实、更适宜被歌唱、更值得被歌颂。要收集瞬间的金块——安德烈·布勒东笔下"时间的金子"——但每一次远足都由旅行者决定，就像通灵者或地下水勘探者——"那些懂得观察的人都能进入奇妙的空间，"你重复道。独眼龙和重听之人就可惜了！应该"入世"，听从欲望的支配，这就像一股泛滥的力量，将你带去别处，使你膨胀，带来强劲的活力。旅行于是变得惬意、放松，就像童年时光，没有任何压力，一切都充满吸引力。重新找回充沛的时间才是关键。

然后是异域风情……"感觉的强度与感受的兴奋的基本法则，也是生活的基本法则，"你写道。只有通过努力和长距离的远行才能意识到自我以及自己"在真实的温床"上奔跑的方式，一直跑到屏障被打破的界限或边界。外部世界点亮了内心世界，将你解救，将你释放，最后感受到音乐的悦耳，世界的气息轻抚额头。

即使神明死去，皇权失势或者遭到背叛，礼崩乐坏，也要尝试着在场、集结，不去管那些逃避者。被别处和过往的人和事聚集起来。被揭发你、释放你、分享你的人和事打磨成形。他者是入口：去经受考验，变得更紧凑，就在当下。在大洋之上。

一切都很枯燥令人烦躁不安，你自从 1903 年在波利尼西亚逗留之后，就因为所关注问题的跨度让人印象深刻，几乎具有了离心力。你不仅是坚定不移的尼采主义者，细致入微，有三百种兴趣爱好（道教、水上飞机、书法、海洋水血清、潜意识、佛教、摄影、心理现象、歌剧、汽车，等等），而且是天然的领导者，也是独一无二的组织者。你做出决定，做准备，然后付诸行动。其他人服从你、追随你，他们知道你会不遗余力。你们是一个高级的团体，被抛物线式的轨迹紧紧凝聚。

我有时会重读你的某些信。我会在本子上摘抄一些片段，因为其充满活力，打动人心："清晨，傍晚，在黎明时分泛红的光线里，在黄昏金黄色的晚霞里，我沐浴着自由而明亮的空气；就像在天地尽头沐浴着地平线上的光芒。"或者，在中国，那些浅声低语的名字、可以摩擦出火花的火石、催眠术："我们悄悄去了嘉定府、雅州府、康定；这些地方静谧、有序；客栈、衙门、小路……"时隔多年，这些片段似乎给予我们一个世界，像摘下成熟的果实，给我们解渴。再没什么能使你激动，而这时一张白色的卡片，不留痕迹，却使你更加自由，更加专心，可能在山峰和河流之间的地方出现了麒麟、长翅膀的老虎，找到了藏身之处以及地下隧道。轮到我们去思考，怎么才能不经历起伏，不品尝风雨，不去寻找方向、方式和通道呢？在上升的征兆之下，靠近希望的风。

*

被钉在墙上的，像一只黑白色的大蝴蝶，那是你的一张
正面照。在木条围成的正方形、长方形和佛教万字符的背景
前，你穿着格子西服，目光平视前方。小胡子被剃得整整齐
齐，鼻梁挺拔，眉毛高挑。系了针织领带的冰糖栗色上衣里
面露出整洁的衣领。农牧神般的耳朵，忧郁的目光，额头饱
满，有些苍白。身体稍稍向右倾斜。这张照片是1914年5月
受四川总督接见时拍的，你盯着镜头。你既没有摆出作家的
样子，也没有摆出探险家或官员的姿态。你只是显得专心且
庄重。在注意力深处，这令人惊讶。

这么多年来，我没有一个星期不翻阅、不重读你的书，
我随时把它们装在包里，然后装进行李箱。我买的第一本
《碑》集是伽利玛出版社出版的诗集，里面零散地写满了潦
草的笔记，但是并不成套。我在西迪布赛义德的滨海酒店重
读了这本书——那里有白色石灰墙间的地中海蓝色龙胆花、
露天咖啡座、热茶、镜面般的阳光，有你，还有一位棕色头
发、琥珀色皮肤的年轻女子。"我的恋人像水一般：清澈的笑
容，柔和的动作，清脆的声音像水滴的歌唱。"在一块三角
形的阴凉处，我读给她听。她喜欢大海。海上泛着波光。

我记得，我的行囊里还有"白色系列"，那本书的副标

题是"真实国度的旅行"，在鲁瓦扬附近借来的房子里居住时，这本书成了我所有的慰藉。我坐在藤条椅上，小声读着最后的段落。时值冬日，没什么娱乐活动，客厅里只有几期《读者文摘》（*Reader's Digest*），电视机也坏掉了。不过，里屋的门后有一段可以下到地下十米的楼梯，那是一处地下掩体，被用来当作这座房子的地基。第二次世界大战之后，房子的主人把它用作酒窖。在一条两侧被枪眼打穿的走廊尽头的混凝土房间里，后墙上装饰着一幅红色的画，画中的一头雄鹿激起了我的好奇心。那是一头健壮的鹿，长着人脸，微笑之上，鹿角仿佛火焰般颤动。这头鹿位于后墙的正中央，观察着进入房间的人。它做好了逃跑或攻击的准备。这画的是凯尔特神话中象征复兴的鹿首塞努诺斯神吗？是谁画的？是因轰炸被困于此的德意志国防军士兵吗？还是一位神秘的流浪者？在提灯的灯光下，这头从混凝土墓穴里逃出来、浑身是血的四足兽有什么要对我说吗？自此，我把关于"秦始皇陵"的文字与这幅画联系了起来："闭上你圆圆的眼睛，闭上你看得见的眼睛，答应我闭着眼睛去想我说的每一个字。"但我没有得到回答。

　　我当然也读了瑞士出版社出版的《勒内·莱斯》，后来又读了口袋书的版本，因为这个版本的封面上画了"蓝莲花"般的龙。那时我在智利，坐在一辆破旧的斯巴鲁汽车上，车子在砂石路上颠簸。车子开往蒙特港的方向，最终会到达对面的奇洛埃岛，作家弗朗西斯科·科罗那失约了，他因急症在圣地亚哥住院。我先前约好对他的采访无奈作罢！不过我还是上了轮渡来渡过海峡……

我带着不安沿着淡菜养殖场走着，在播种的浮标和坐在有些倾斜的船上的智利海军巡逻兵之间，有几个像鹦鹉一样吵闹的兄弟姐妹相继走过。我要做什么呢？我在卡斯特罗入住了一家名叫尤尼科尼奥阿苏尔（Unicornio Azul）的酒店（这次是一只蓝色的独角兽！），住在了 17 号房间。我任夜晚溜走，再次拿出这本被我当作护身符的书来伴我入眠。"因此，我不会得知更多了，我不再坚持，我恭敬地后退，退到别处。"有一刻，叙述者解释道。火速离开还是改变主意？但黎明时分，涨潮征服了峡湾：船队在丰满的绿色波浪中摇摆，海带舒展开它们巧克力色的花边。海底的沉淀物被搅动起来，每层浪的浪尖都闪着光。整座岛最终都壮观起来……喝过一杯双份浓缩咖啡后，我又精神起来。你那闪烁的语言在我眼里似乎变得不一样了，我看到的不再是夜里读到的《勒内·莱斯》和他的紫禁城：对于一个伤心的、承受了双倍痛苦的冒险家，紫禁城不再是他晚年的保险箱，恰恰相反，那里成了一位阳光、充满抱负的年轻男子离家出走的迷津。让我们忘掉低音，聆听高音……就像风干的茶花在荡着涟漪的水中呈现出意想不到的形态，你的书很难被定性，是开放式的，根据情境、时间的不同，让人有不同的解读！就像这不大可能渡过的峡湾、这次采访、我在智利的经历……我重新开着我的日本牌汽车上了崎岖不平的道路，车里大声地放着伊基·波普（Iggy Pop）的歌。我对路上的危险和转弯都游刃有余，焦点和反光镜的转换都很自如，在五号公路的最尽头有了不一样的发现。"不管走多远，我都会再回来"，你坚信不疑，你总是对的。

*

渐渐地，我读过了你大部分的文章，作了旁注，深入思考（《关于异域风情的随笔》（*Essai sur l'exotisme*）、《关于神秘性的随笔》（*Essai Sur le mystérieux*）等），收藏了"海市蜃楼"出版社（Fata Morgana）以及鲁热里出版社（Rougerie）的版本。我从巴黎布拉尔（Boulard）路上的"早安者"书店（Les Matinaux）买来这些收藏版本，这家书店由一位腼腆的漂亮女士打理，我向她赊了账。然后我还收集你的照片，以及报纸上所有关于你的文章。我的梦想是得到一本1912年北堂出版社的《碑》集原版书，那是八十一种版本的其中一种，这个数字正好对应着北京天坛圜丘上层最外环石板的数量。可惜未能如愿，我得到了夏特兰-于连出版社（Chatelain-Julien）再版的版本，上面盖有朱砂章，配有带骨质搭扣的书匣。我还拥有一本雕版印刷本，这是你第二次远行的成果：一块雕版上印着凹凸不平的白色文字，用油墨刷成墨色，就像原子在浮动。文字誊写下来是这样："强壮的大地之马，了不起的人龙。"这句话让我得到训诫，令我欣喜。

实际上，你一直不停地在界定这种"多样化情感"。你是这样宽泛地定义的：一切"陌生的、奇特的、出乎意料的、惊人的、神秘的、多情的、非凡的、英雄的，甚至是神性的东西，所有他者……"主旋律是："看世界，然后说出你眼中的世界。"借助感受将主旋律表达出来，"感受"这个词让思想正统的人和乡下虔诚的信徒受到惊吓。最后，你欣喜地发现中国人每天都很忙碌，包括星期天。你的作品是在一次又一次的旅途中完成的，一天又一天、一页又一页地写，至少三部作品是凭借这样细琐的坚持来完成的，这是你最闪光的地方。这是最初没人意想得到的地方，而后成了一座宝藏……尽管如今很多人阅读、研究你的作品，但是在你生前，没有人可以全方位理解你的想法，他们都没能进入"（你）灵魂的这座城堡"。也好！也罢！因为仔细想来，在你内心深处和不为人知之处，在表面的品质和军事才干背后，你并没有那么顺服……

你母亲不停地对你这个身体孱弱但天赋异禀的孩子唠叨："你现在跟其他人不一样，将来也不会跟他们一样。"她看得很准。在你身上有某种可能坚固，也可能易碎的东西。"我们每个人身上都有一处挥之不去、无人可进入的秘密之地。"如果说某种超越了行动或发现之乐趣的东西促使你成为一个与众不同的男孩儿或艺术家，那么这股力量正来源于这间小黑屋。因此，这是一间"我们不会向别人敞开的""秘密小屋"。

　　但让我们刮掉维克多·谢阁兰医生秘密小屋的清漆来看一下……

　　十个例子！

　　1909 年，你和亲爱的奥古斯托在北京重逢，你们之间如何保持这令人称颂的友谊？你与和伊冯娜走得很近的让·拉蒂格之间的关系呢？你对伊冯娜的爱有多深，她甚至可以接受"任你自由"？对于活泼的莫里斯·鲁瓦呢，你为何像厌倦一个被玩坏的玩具一样厌倦他？ 1916 年在布雷斯特被你吸引的那位年轻的女护士是谁？让你在于埃尔戈阿激情燃烧的温柔的埃莱娜又是谁？你真的喜欢亚洲吗，还是这只是你在当时的背景下为了努力工作而上演的戏码？

　　还有其他问题。为什么反感中国和俄国的革命，为什么抵触"粗鲁的人"？为什么摆出一副纨绔子弟的姿态？如果说你的人格已经堕落：亲近男性、吸食鸦片、享乐主义、想去划破所有学院的木地板，那么为什么最后的时刻过得如此浪漫？总之，经过大学学者研究筛选，我们只看到了你淋过雨、化过妆的样子……

无论答案如何，你都很了不起，实质上这部剧作只关乎你。但剧作中真情流露，值得一读。可能你就这样待着、出现或消失在你的写作场或者中国地图的虚线上会更好。如此奇特，如此引人入胜，在让你重生的帝国的风中。沉默寡言、神秘、充满干劲，找寻着正确的声音、真实的图案、准确的路线。像你喜欢的猫一样难以捕捉，来去随意，分享自己的地盘但绝不让步，沉浸在无尽而孤独的梦中。

6

实质上，维克多，我去演绎你，并不是去研究你，将你简化成一部传记、几个时间、几个地点，而是要透过时间传递出对你的印象。乐观、精力充沛、不被束缚。你是一直在路上的人，腿脚一直在坐骑之上，眼镜因太阳和雪而反光；身上裹着毛皮衣，背上背着马枪。你是旅行的赢家，在简陋的暗室里冲洗了两千张玻璃底片——这些玻璃底片由路易·卢米埃（Louis Lumière）提供。充沛的精力仅用于此！你，从跑得满口白沫的马上下来，只要有一点光，就会立刻投身去记笔记、写诗、画喷火神兽和麒麟，自己专注也令人注目。以此逃避有限的时间，从而重新找回瞬间的延续、身影的重量、更宽广的内心……

正如我把你放在一个装有显影剂的盆中很长时间，上千种细节显现在我眼前：凸起、噪点、始料未及的远景、体积、景深。你灵魂中艰巨的事业……你似乎反复推敲过，还有比考验中的乐趣、轻与重、肌肉的抖动以及文字的光芒更好的东西吗？简而言之，这是一种添加过兴奋剂的真实，如果需要，还补充以想象。反之亦然。这种真实影响范围内的世界，这种真实气息中的世界，通过"金链条"与过去相连。

姑且认为我们之间存在一些巧合，存在某种亲缘关系，这让我受到鼓舞。比如，我再重复一次，布雷斯特这座美好的城市，既是你的，也是我的，"它离一切都那么遥远，是真正的天涯海角①"。灰白色、破碎的伊萨基岛，我曾经亲自用角尺丈量那里的大街小巷，那时既感觉找到了庇护，又感觉被悬于半空。布雷斯特，留给我们的一切……这座城市催促他的儿子们离开，又心甘情愿迎接他们回来，直到将他们埋葬，没有船籍港就不叫旅行。我们朝船坞走去；大海垂直立起它青蓝色的墙；天空低垂在库房和吊车之上。德拉图尔·多韦涅广场（Place de la Tour-d'Auvergne）上，有一座石雕，雕刻了一个舞动的中国女人，在这座石雕身后是一尊法国医生的雕像，这位法国医生还留着小胡子。是谁从大土耳其海岸（côte du Grand-Turc）站搭乘了有轨电车？舰队在海浪中飘动，如同舞动的芭蕾舞者，迎风列队；花园里咯吱作

---

① 此处借用 1929 年上映的法国纪录片《天涯海角》（*Finis Terrae*）片名。

响的百叶窗；像絮团一样停在电线杆和烟囱上的成千上万只海鸥；海浪打在防波堤上，像一首被反复吟唱的歌。汽笛声一响，一切瞬间就会被带向别处。然后还会回到那一瞬间，只是变老、变沧桑，还有可能变失望。

当然，我还收集了这座港口城市的乌贼墨画明信片，从而记住从前的时光（过去的异域风情）。那时你穿着那件让你显得耸肩缩脖的工作服，迫不及待要去到你在昂坦城的公寓：公寓位于朗帕尔（Rempart）路，路堤上坐满了打瞌睡的人，还有长方形的码头仓库。还有城堡、水域、兵工厂、兵营（"三千两百人，以及相同数量的吊床"）。在那里，可能是在西亚姆（Siam）街上，你曾碰到过我祖父，你们进行了官员间的相互问候，一位是殖民地步兵中尉，一位是海军军医……

对面是仿日本风格的绿色花园，你喜欢克罗宗（Crozon）半岛，在那里你遇见了诗人圣波勒·卢（Saint-Pol Roux）。那座半岛是我们家的地盘。我们仍然在那里有一座老房子，走廊上还保有孩子们和狗留下的磨痕。克罗宗半岛栖息在伊鲁瓦兹（Iroise）有力的喘息中……然后是韦桑岛（Ouessant），它在克罗宗半岛的对面，是第一座能让人变野蛮的岛和停靠港，也是让你陶醉的"尖锐的布列塔尼"。在仅有的一张照片上，你爬到了凯勒（Keller）小岛山脊的一块岩石上，俯瞰海峡。海峡就像一块台布，在锋利的獠牙间生气，愤怒地前进……虽然你曾觉得大海"恶心又愚蠢"，但自从它凭着一点耐心把你带到别处，又重新带回这里的那一刻起，这一点变得不重要了。它把你带回布雷斯特，在码头上，开阔的锚地、倾斜的路，在那里的城堡脚下。重新开始，你因从每一个窗口都可以感受到广阔的空间和沁人的风而感到惊讶。

是否需要提醒一下，你以后会对波利尼西亚和亚洲着迷？我本人有幸在塔希提岛度过童年，因为我父亲被调到帕皮提的一个军团工作。而你是高更的"摆渡人"，他用画笔描绘了布列塔尼与这些散落的岛屿。20世纪90年代末，轮到我追随他的足迹，从马提尼克岛（Martinique）一直到马克萨斯群岛（Marquises），为的是了解他的背景以及他在卡纳克（Canaque）度过的艰难时光……

至于东南亚，很长时间以来，那里都吸引着我们这个来自布列塔尼的家族。就像大多数人一样，出于军营和船坞的工作需要，家族中至少有一个亲戚在殖民地或海军工作。在布雷斯特，除了昂利欧（Henriot）陶瓷工坊①生产的餐具和赫赫有名的潮汐，还应该提到几种精美的漆器（上面画着一

① 坎佩尔最古老也是最著名的陶瓷工坊。

丛芦苇，芦苇中停着几只声音尖细的苍鹭，蜻蜓在一座镶嵌精美的塔前飞舞）、两只香炉，以及一些竹子制成的细小物件。在柠檬木壁橱里，有一本用黑色纸板框夹着细齿状边缘照片的相册，相册中依次排列着西贡和大叻的风景照。禾苗和水牛、棋盘状的稻田、一辆轮缘刷过漆的汽车、棕榈树下与贴着瓷砖的游廊下穿着完美无缺的白色纯棉衣物的年轻人——我的祖父和我的叔叔都在那里度过了自己三十岁生日。然后在里屋，对于那些懂得寻找、想要了解的人而言，在一个用加厚木板制成、标签已经发霉的木箱里，有一顶软木头盔、一双护腿套、一副 MAS1873 左轮手枪的枪套……我在房间里看到好几封信，这些信被一条饰带捆在一起，上面贴着鸡冠花图案的邮票，盖了河内或者科伦坡的邮戳。这些信装在一个隐隐透着鸦片遗留味道的药箱里——直到 1910年，在布雷斯特还有四个烟馆，半上流社会的风流女子和官员喜欢聚在那里。所有这一切当然会让人产生扰乱心绪、阴险的联想，这些联想一个接一个、一轮又一轮地影响了三代人。从阳台上，我们可以看到港口的涌动、停泊地的船号灯、撞在一起的云团以及饱满的、舞动的、绿色的伊鲁瓦兹……

维克多，过去你喜欢挥霍自己"改变的能力"，也就是挥霍生命。不停歇，漂泊。没有任何约束。就像兰波说的，拧紧一台又一台时钟的弦，而且像走钢丝的杂技演员一样冒险……什么都不能束缚你出走和写作的欲望，尤其没有太多东西要携带。本着水手和流浪者的精神，你希望走得远、爬得高、走得快，只带穿越海洋、攀登高山的必需品。喜欢地图和版画，希望"在这方面一展拳脚"的人，怎么能不把你当作良师益友呢？在你的军服和医生罩衣之下，包裹着一颗永不动摇的年轻的心。你依然向着你的目标冲去，而你的目标远不是那些陈腐之城的围墙。蒸汽火车上的一个行李箱或者运输公司的一间工作室，路上的一匹栗色马。征服一座山峰，直到看见第一片雪花。伸手就可触摸到的天空，抚摸并唤醒一头麒麟，做驾驭所发生一切的骑士。

*

20 世纪 80 年代初，有一个小型的谢阁兰研究团体，他们是布依耶①的继承者，而布依耶作为开辟者所做出的精细工作无人超越。诚然，你不是默默无闻的，20 世纪末，你被评价为复合型、精英主义、"书写中国的"作家。你的再版书非常少，你永远不会是娱乐大众的作者。我仍然保留着《谢阁兰朋友清单》（*Bulletin des amis de Segalen*），这本书在

---

① 亨利·布依耶（Henry Bouillier, 1924—2014），法国学者、谢阁兰研究专家。

1988 年油印了几十册，它就像一本面向粉丝的杂志，牵动着爱好者的心。

　　然而，见过为你作传的吉耶·孟瑟龙（Gilles Manceron）——他是你的朋友亨利·孟瑟龙（Henry Manceron）的侄子，以及住在布列塔尼莫尔加（Morgat）、曾经发表过关于你的文章的让·鲁多（Jean Roudaut）后，我确信，如同这些研究团体的成员，我们之间分享的是仪式和密码。夏天，我在布列塔尼和让·鲁多见过两三次面，我们喝着咖啡和威士忌，这位令人尊重的弗里堡大学教授竟耐心地听我倾诉作为初学者的那种天真的幸福——十七岁时，我可能发现，他作为敏锐的文人，没有爱过也没有懂过？重新朝半岛走下来的时候，我感觉，如果你的在场依然对他人产生回响，那么对于我们，没什么东西真正被冻结了，地平线敞开着，你还活着。不仅仅是在你那些待解读的书中，而且在更远的地方，在天空到海洋的整个空间里。在那里，在非洲沙漠的边缘或者在科伦坡被水汽蒙住的闷热中，"碰巧在道路交叉口，左右手试图交叉在一起的地方"，这时一个年轻女孩儿眼睛充满迷惑地把脚步迈向你。为什么不在洲际酒店的房间里，我住在那里，要去呷几口加了苏打水的白兰地，以此纪念我的祖父和你，你们都是这座潮湿楼房里的房客，你们的旅居在法属印度地区合而为一……但我没有去到那么远的地方，只是在圣波勒·卢的庄园，那里距离洲际酒店十公里，在卡马雷（Camaret）背后，在陡峭的悬崖之间。我听从了鲁多的建议，经常会到那里，肩上斜背着照相机。在风里，在雨里，在刺眼的阳光下，在风暴中，在暴风暂息时，我决心要触摸到些什么——因为，维克多，对你而言，一切都是从那里开始的。

*

乘船从布雷斯特出发，穿过窄海峡，半个小时就可以抵达克罗宗半岛。从 1901 年开始——那年你二十三岁——你来到这里，和一个同学一起在海边度过昏昏沉沉的下午，然后在这位古怪的抒情诗人家里借宿。在离卡马雷渔村很远的地方，有一个荒凉的角落，就像一个细长的陶器被遗弃的尖顶，裸露在伊鲁瓦兹之上。但占星师圣波勒·卢选择了在此隐居，他阳光又孤独。他渐渐减少了在法国水星出版社的事业和股份，专注于他的诗歌和剧本创作，尤其是远离了债主，远离了令人不快的批判，远离了平庸。我坚信诗人与世界保持着联系，更甚者，他们是世界的通灵者、占卜师——在这一点上，安德烈·布勒东作为最大的澳洲物神和回旋镖的收集者应该来此朝圣，1923 年，他决定让这位"先锋派的前辈"从遗忘中走出来。走在超现实主义者前面的他难道不懂得将诗歌、梦境和超验混合起来，为"思想现实主义"①唱赞歌吗？那么还有什么比天空和海洋之间的"世界前方"更好呢？在那里，创作可以把对立物联合起来，比如精神和肉体、稳定和不稳定，可以将短暂变为永恒。

在这里，方圆三公里内，如果不是变成文字的形式，没有一棵树可以活下去。周围，草地向四周蔓延生长，下方的沙滩上是一望无际的流动沙丘。两排白色石英岩石柱，共一百四十三根，表面粗糙、有裂纹，并排着颤动，就像位于地平线上的竖琴琴弦，一切都很简单。

你立刻爱上了这个有修养又和蔼可亲的家伙，他属于李尔王那种类型，很早并且很快就开始吸烟，你同样爱他的科埃西里安（Coecilian），这是一个位于海角上的塔式大农庄，后来慢慢变成了一座偏僻的、华丽的庄园。这座庄园的门廊上写着一句魄力十足的箴言："在这里，我发现了世界的真相。"三只被驯化的海鸥在庄园上空盘旋。在玻璃窗后面，翻起的海水撞碎在狮子岩上。在狂风怒吼的日子，绵延数千里的距离没能阻挡狂风把庄园的墙吹得摇摇晃晃——把这位"好棒"先生的笑声一直吹进楼梯间。"他指给我看无边无际

---

① 圣波勒·卢提出了"思想现实主义"（idé oré alisme）这一概念，希望在新柏拉图主义的视角下将现实世界和思想世界实现艺术的融合。他认为迷失在现实世界中的美应该由诗人来揭示。

的海湾，西南风大作的日子，整个大西洋都在他的脚下打着浪；他还指给我看那些匆忙赶路的大船的航线。"然后："他一动不动，似乎走遍了整个世界。"

你们安稳地待在用艺术品装饰的房间，谈论了你敬仰的于斯曼（Huysmans）、莎拉·伯恩哈特（Sarah Bernhardt），也谈论了将你推向读书和探险的那份热情和焦虑。当时，你跟他的侍从年纪相仿，他把你称作"追求绝对的人"。你们都有关于音乐的创作——他为古斯塔夫·夏庞蒂埃（Gustave Charpentier）的歌剧写剧本，他的歌剧《路易丝》（*Louise*）大获成功。而你是年轻的作曲家，曾经把他的诗谱成用竖琴和钢琴演奏的乐曲，作品深得他心。夏庞蒂埃把你庇护在他的羽翼之下，更棒的是，他为你开启了广阔空间和思想，他坚信诗是"一种团结和解放的力量"。后来，圣波勒·卢不停地鼓励你写作。从塔希提岛回来后，他成了你的第一位读者。你把从希瓦瓦岛（Hiva Oa）带回来的高更雕刻的油画板留给了他，给他装饰庄园的三角楣——常春藤的装饰花纹间刻了这样一句反复推敲过的话："做一个充满爱的人，你会很幸福；做一个神秘的人。"

一部纪录片再现了这位诗人，他胡子拉碴，戴着三角遮阳帽，在周边的荒地上迈着踉踉跄跄的步伐走着，有一只灰色的大狗走在他前面，我们看到狗在叫，但听不到声音。其爱好者用模糊、晃动的镜头跟随他的脚步，从花园到荒地，又从荒地到峭壁，拍下了有些晃动的黑白影片，而且碟片有划痕。他的女儿迪维尼（Divine）在植物中间微笑着做鬼脸，泰然自若。

他在菲尼斯泰尔的放逐应该不太顺利。悲剧相继发生，庄园在第二次世界大战时期被炸弹击中，最后坍塌了，成了小鸟的孵化地和情侣的藏身处。在1940年德国入侵时，圣波勒·卢小心翼翼地把密封的保险箱埋到地下，里面装着他抨击希特勒的文章。会不会有一天，我在废墟中找到它呢？

如今，远足者依次沿着庄园被破坏的轮廓朝豌豆岛（Tas de Pois）走去，但他们对过去的这段历史一无所知。科埃西里安庄园只剩下三座顶部已经坍塌的塔、半根倒在地上的柱子、钢桁架下散落的石头（其中几块涂了茶褐色的漆）。以前我曾经捡了一块，那块很像匕首，可以握在手里，我把它放在了我的书房里。这是诗人记忆的一部分，也是你的回忆。

从此我每次经过卡马雷，只要车子停在那些石柱前面，我就会去到峭壁的陡坡上，以及被圣波勒·卢取名为"再会"的回廊里待一会儿。那里有一把天然的、不算太大的椅子，由三块石头拼成，其中两块都很平整。暮色最后落到了船头上。这时需要有一个热水瓶、一条围巾、一包香烟和一册画本。左手边是峭壁，七十米的高度让人晕眩，右手边的沙丘凹凸不平地塌落下去，落进卵石的缝隙间……多么壮美的景象啊！风不知疲倦地吹动着他在歌词里写到的大块玻璃纸。浪花无尽地拍打着，激起的泡沫像一颗颗种子。

*

渐渐地，我也开始研究关于你的短评和论文。我在巴黎、波尔多和布列塔尼看过展览，还像做礼拜一样参加了好多场研讨会，比方说，在布列塔尼大学①举办的以你名字命名的研讨会，以及在普卢加斯泰勒修道院与于埃尔戈阿举办的研讨会，与这样或那样的"专家"进行交流。我见到了你孩子的孩子，其中有多米尼克、纪尧姆、洛尔，还见到了你朋友孟瑟龙的后代。塔希提岛的谢阁兰专家和中国籍谢阁兰专家之间有着不可逾越的鸿沟，中国籍谢阁兰专家又细分为考古专家和文学专家，就像是吹毛求疵的男爵划分领地。他们讲宗派又专注研究，我全都非常喜欢，尽管他们中的很多人都会讲些莫名其妙的话。我们面临的是同样的问题，我没有因此忘记重点：你是在前进、在寻觅的人，是充满热情的作家，你身上的这些特征像地上留下的脚印一样多。就像拉

---

① 此处指西布列塔尼大学（Université de Bretagne Occidentale）。

撒路从坟墓中出来①，感到阳光耀眼，凉鞋踩在地上嘎吱作响。

在布雷斯特，一位叫安德烈·贝尔尼科（André Bernicot）的伙伴向我推荐了位于爱弥尔·左拉（Emile-Zola）路上的昂蒂诺埃（Antinoë）书店，我终于在那里一睹《汉代墓葬艺术》这本书的原版，这位伙伴得到了两幅你绘制的《塔希提人》画作。这本书是古特纳出版社②在 1935 年出版的大开本，使用了柔软的纸，书内有凹版印刷的插图，这是你和拉蒂格以及奥古斯托第二次合作的成果。店里一片安静，书店老板很亲切，她把白色翅膀般的书本摊开在唱诗台上让我随意浏览。那句"您慢慢看，这是很稀少的版本"，让我欣喜不已……在水晶纸的保护之下，书中细节清晰可见，令人激动，景深依然保持得很完美。你的画作和拍摄的照片交替出现。其中一张全框的照片中拍摄的是一座整块石头的碑，比一个人还要高，在三分之一高度的地方被穿了一个孔，好像碑上的一只眼睛。哪怕一个世纪过后，我们依然能感受到你用旧式相机一丝不苟地框住并拍摄下来的这块石头的存在感。由于长时间的曝光，所有细节都看得清

---

① 拉撒路被埋葬四天后，被耶稣复活，走出坟墓。见《圣经·新约》约翰福音 11。
② 全称为保尔·古特纳东方书社（Librairie Orientaliste Paul Geuthner）。

楚，包括噪点、起伏、凸起、景深的起始处。但正是这张照片，更是你，维克多，你在骑马劳顿一天之后，给我留下了你生命中定格的一个瞬间。这就像是一幅间接的肖像画，一幅待在布满灰尘的寺庙中肉眼不可见的人的肖像画……

我们也会在你的书信中寻找你，你从不闲聊，只说重点。这些书信都很长，仿佛是在写最后一封信。你文笔简练、准确、充满机智，借助单词中"t"的一横，你仿佛是在给你的言词标出格律。需要的情况下，你会在信中加上你的绘画以及小卡片，一直把信写满二十页，写给德彪西以及你的老师儒勒·德·戈蒂埃（Jules de Gaultier）的信就是如此，你的老师是叔本华和尼采的读者。还有写给克洛岱尔的信，写给你的挚友孟瑟龙、拉蒂格以及蒙弗雷（Monfreid）的信，写给亲爱的伊冯娜的信——你为了希望不大的职位和任务而忽视了她。这是你机械的齿轮，它的心脏在跳动。

2004 年的这天，这些通信面世了，共两册，包括 1893 年 10 月至 1919 年 5 月间的一千五百三十封信。你去世的前一晚还在给"朋友埃莱娜"和"你心爱的娜娜"写信……你像是一个"弦紧绷着"的人，时刻准备着迎接"与自身无关的事物"，以及神秘之物的"剧烈颤抖"。可能这是最容易哄骗你的事情了。在我们读到的信中，很少看到你的通信对象吉尔贝·德瓦赞——你的"吉尔贝托"的回信，伊冯娜的回信也少之又少，只有莫里斯·鲁瓦的一小沓留言纸条以及埃莱娜的草稿——应该说你做出了很好的样子。多么迷人的人物啊！诚然，这可能有点假装和做作的意味了。虽然你是以自我为中心的人，但总是充满激情和动力。你自称是"尖形的"，就像两个拱式扶垛之间的石头。无论哪次能遇上绝对的机会，只要能骑马飞奔，你都不会错过。

随着时光的流逝，你带着旅行箱、露营折叠床、武器、马具和烟斗从西伯利亚大铁路的软座车厢或者运输公司的邮轮上下来，在这期间，你细说了自己远行、探险和文学创作的信念。就这样，我们注意到了被你选中的近三十余位至交，有同僚、亲戚、有名或没那么有名的艺术家，有时，他们会收到你写给他们的"哄骗"信件，他们会以为你出行在外。你试图通过旅行以及写书来最大可能地弥补这种隐蔽的破裂；你的身体被内心的热火耗尽，要在这热情之火中投入地点、名字、绝壁、漩涡，才能将其烧旺或者将其熄灭。是什么造成这种破裂？身份认同障碍？对你真实欲望的质疑？另一种形式的精神探寻？你对这个问题重新采用了一种地理学隐喻："我们在震裂的大地上发现的这种裂缝没有桥，没有绳索，没有通道。"但这种破裂，在一切面前都让你压力变大，使你临近爆发，你发火了，一丝光线从中穿过。

7

　　尽管你似乎是位难以被分类的作家，而为你作传的吉耶·孟瑟龙却毫不犹疑地夸大其词，说什么"抓不住的作品"。这作品是难以定义且是开放性的，既像泻湖，又如洪流一般。杨·克菲莱克[①]在他的《布列塔尼爱情词典》（*Dictionnaire amoureux de la Bretagne*）中写下这句漂亮的文字："我们感觉谢阁兰一直要着手写一部巨著。但是他又食言了。"

　　他的作品用十五余载写就，这种情况很少见，的确耗时巨大，但是精耕细作。它因分支、修改稿而显得庞大，《碑》集中的某些作品修改达十次之多。这部作品以根茎的形式写成：围绕一个主题插入相近的设想，这些设想有时会基于第一个设想。就汉学方面的作品　[《伟大的中国雕塑》（*Chine*，

---

① 杨·克菲莱克（Yann Queffélec, 1949—　），法国作家, 1985 年获龚古尔文学奖。

la grande statuaire）、《中国雕塑的起源》（*Les origines de la statuaire*）、《使团报告》（*Rapport de mission*）等］　而言，这些作品即使受到专家的高度评价，也会使读者打消读下去的念头。可能《吴王子之墓》（*Le Tombeau du fils du roi de Wou*）这类作品中的某些片段除外，里面有坟墓的平面图、城壕的示意图以及地下平面图，这使文字更易于理解……

此外，许多作品并没有写完，有的作品只写了三页纸，比如《布列塔尼远古人》，或者只是收集了资料，起好标题，放在彩色文件夹中，装进丝质封套中。其他一些作品突然消失不见了，比如勉强只有 20 段文字的《女鬼》（*Fantômales*）。还有一些作品是可能会完成的：犹豫、悔恨、不可读的段落没有将文本封印——对于《西藏》这部作品，一位作序者将其中的片段比作迷雾中露出的山峰。尽管你是一个"工作狂"，但吸食鸦片会分散你的精力：沉沦、麻醉、头晕目眩、放任一切。最后，你的作品如同一座吴哥建筑，一部分依旧矗立在那里，一部分已化为废墟，里面有花坛、广场、迷宫。与世隔绝又感情外露。等待着有人走进去，唤醒它。

"向象头神祈祷，但愿在接下来的几年里，我能用可怜的世俗时间来实现我想象的东西。" 1909 年，你曾这样祈求。象头神只有一只耳朵听到你的话，你更喜欢"重新创作"，醉心于开端，喜欢一遍遍打草稿、一遍遍写下题目，而不是深耕写作的田畦。

多亏了你的小女儿安妮·若利-谢阁兰（Annie Joly-Segalen）和几位追随者坚持不懈的努力，你的作品才最终得以问世。1981 年，你的几箱手稿被法国国家图书馆收藏。1999 年，你其余的手稿也被收藏。但你在世时，这是一座冰山，只有你自己了解海面下的部分——这部分从下面将你填满。的确，纳入收藏的这厚厚的两摞"旧书"如今会造成假象。因为有三种例外情况：除了你为杂志写的文章以及你向亲友口述的作品，还有一部分作品正在创作中，大部分的文章已完成但未出版。可以说你把尼采的句子变成了自己的："我没有活在当下：我是遗腹子……"

在北京也是如此，除了学习中文之外，你每天花六七个，甚至八个小时来写文章。你的纸板文件夹里什么都有：有漂亮的手稿，但也有"船的残骸、各种珍贵的纪念品"，还有行军日记（大部头的《路线图》（*Feuillets de route*）开篇是你护照的摹本，还写着"真实的压抑/真实国度的旅行"），日记里画了画，还写了美学和考古的笔记。对于你而言，"进行文学创作"这事儿免谈！重新采取古典的形式？免谈！"最终要摆脱这种宿命、这种习惯、这种迷信以及这种惰性，"你这样写道，来嘲讽这些体裁。你反手便把"足足三百页、黄色封面、售价三法郎"的这种小说掠到一边，你更喜欢《勒内·莱斯》这种轮廓分明的故事，以及《碑》集中庄严的陈述。至于《西藏》，这本书是萨满的咒语，是催眠术，是魔法。

此外，就像你解释的那样，你不属于那类主动寻找主题的人，只能是它们找上你。你来到一个国家，产生某种印象，灵感就立刻或很快跳到你的脑子里，一旦察觉，便立刻抓住。你去到塔希提岛或者中国的第二个月就找到了这种灵感——比如史诗作品《远古人》，还有如此戏剧性的《天子》（ *Le Fils du Ciel* ）。你会在晚些时候把这些灵感写出来。你厌恶文人的想法，文人们擅长像"漆匠在建筑物上涂一层瓷漆"一样展开他们的故事，应该摸索着去探索这"背后的世界"。发现这些时刻，这些"晴朗而明亮"的地方。只要先行动，之后就会看到。

你很快就放弃了马克斯·阿内里（Max-Anély）这个笔名，它是由一位朋友的名字加上你妻子的姓氏排列组成的。尽管你曾希望《远古人》能够获得龚古尔奖，这是你于1907年自费出版的第一本书，但《碑》集（有褶皱的高丽纸、樟木板、丝质饰带）出版以来，你更倾向于不再受商业"牵连"。1914 年，你与凯勒（Crès）书局合作，重新出版了《碑》集，你打着这本书的旗号发起策划了一套丛书，但这段合作突然结束。随后，1916 年《画》集出版，这本书的腰封上写着，"藏在我内心太长时间"的关于自我书写的散文。这一年，数十万的法国兵在凡尔登阵亡，而你警惕地摆出一副高傲的姿态："不写任何战争的记述，不对当下的时代进行任何影射。"战争惨败。这有什么关系，你是不会动心的。不会因此停止写作。这词句如森林般，不断开枝散叶，最后将你耗尽。来不及放任！在中国，你不断勉励自己："紧紧抓住十个文件夹，持之以恒地把它们打磨成可刊印的手稿。"

你一生中都是既啰唆又沉默的人。百般受阻但积极活跃，信仰狂热但不信上帝，"钟爱灵魂中的城堡，以及通向光明的神秘走廊。"一位艺术家只缺少像短剑一样可以穿透一切的光亮以及萦绕在心头的外部世界……即使在这种朝气中，也存在不安定、不完整的部分。你似乎反复推敲存在于自身与一切事物中的缺失，但空白不代表什么都没有。相反，可能你不想命名的至上的真实性却留下了印记或影子，这是存在和产生回响的唯一可能性？光绪皇帝在睡莲池和仿大理石雕龙间低语怎么不能成为你说的话呢："谁能填补我的空洞？"

*

1917 年 3 月 31 日你从中国寄来的信中，开头的话如此欢欣雀跃："我在外度过了三天，我亲爱的娜娜，真是美好的三天，我一直在探寻、寻觅，而且收获满满。我去到了距离南京以东四十公里的地方，那是铁路到达不了的地方……"

铁路到达不了的地方！仿佛你享受着这份"令人欣喜的自由"，同时享受着那一刻的充实，就像东方圣贤教导的那般。但这种精神的饥渴从未得到满足，它从你的一举一动中显现出来，你的一举一动成了这种精神饥渴悲伤的沃土。无论走到哪里，你都不停地重复："大地在哪里，遗址在哪里，场所—中心在哪里/人类应许之地在哪里？"每一次，星星在高高的地方闪烁，山在后退，在你面前……是否应该承认，魔术统治着你找寻的一切，你所找寻的一切都在逃离？或者只有缺失，才能存在？是否从来都没有既定的真实或者真实需要有想象的成分？如果不是因为现实和想象之间的矛盾，那么神秘从何处开始？你带着恼怒，一边奔走，一边写作，为此筋疲力尽，你渴望着"极致中热烈"的生命，渴望去解读。

因为中国实际上对你而言只是一个巨大的谜，是一次投射。你在半月形广场上向前走，海军帽夹在胳膊下面。你置身宫廷，置身仿大理石的峭壁和精心雕琢的回廊中，显得孤独又渺小——经过迷宫般的房间和回廊之后，这些回廊如果不是通往空无一物、像坟墓一般的正殿，又会通向哪里呢？为了当下，需要试着找回别处和过往。过去的时间通过减法证明你曾在那里，而现在与多样的东方联系起来，成为转瞬即逝的幻觉，实现时间的共存。外部世界和内心都是如此。尘世的水汽可以在皮肤上找到证据。

8

让我们回顾一下过去的年月，因为"热爱过去是快乐之道"。我们来到中央帝国，来到北京，这是你大步走遍的地方。20世纪初，下层社会的人无权进入的紫禁城这座世界上最大的宫殿群，按照风水和数学的规则排布修建而成。其周围的土地也有其意义，是权力的象征。但这里见证了清王朝最后的大事记：光绪皇帝于1908年去世，他的继承人溥仪是第十二位皇帝，当时还是个孩子，于1912年被废。然后溥仪被监禁①在紫禁城直到1924年，成为共和政体拥护者的傀儡。

1909年，你是由海军派遣来的见习中文译员，你坐在办公室里，置身书籍、雕刻和模锻之间，舒服地待在一个矩形

---

① 1912年2月12日，隆裕皇后临朝称制，以太后名义颁布《退位诏书》，溥仪退位，暂居紫禁城。1924年"北京政变"，溥仪被逼离宫。

空间里，四周围着围墙。这是在"你的"城市。奥古斯特·吉尔贝·德瓦赞在此与你相聚，他性格友善，身材修长，年方三十二岁，比你年长一岁。他有一双浅蓝色的眼睛，鹰钩鼻，你管他叫"奥古斯托"。在土伦（Toulon），克劳德·法雷尔（Claude Farrère）介绍你们认识，他也是海军军官，对远东着迷，1905 年获得了龚古尔奖。

笨手笨脚但穿着漂亮的奥古斯托是位伯爵，也是塔里奥尼（Taglioni）的孙子——塔里奥尼是一名舞蹈家，维克多·雨果都曾向他致敬——他博学、传统，因自己的同性之好左右为难，在他眼中同性恋"肮脏不堪"，同时他还患有癫痫。他和皮埃尔·路易（Pierre Louÿs）关系很近，就像法雷尔一样。法雷尔是《鸦片烟》（*Fumée d'opium*）的作者，书中提到了鸦片的影响——头脑发热，身体轻飘，禁令和限令都被视而不见，现实被搁置一边，长期做着噩梦。这位纨绔子弟也吸鸦片——烟的味道就像烘烤过的可可豆，从门下溜出来，让人有种失重的感觉，仿佛一切被堆叠起来。

你所有的情感都拜倒在他散发的魅力之下，奥古斯托也喜欢你。你对他表白着你的情感，甚至为此要求留在法国的伊冯娜不要嫉妒你"现在的幸福"。在"埃尔纳手册"（Cahiers de l'Herne）丛书中收录的照片上，这位贵族先生摆好姿势，坐在凳子上，穿着黑白条纹衬绒布的睡衣，光着脚，无名指上戴着镌有纹章的戒指，手指甲修剪得像桃仁。一副斯科特·菲茨杰拉德（Scott Fitzgerald）的样子，优雅的眼神，凸起的额头，但稍显做作。背景当然是中国风——砖和瓦，纤细的树，可能是李子树。

德瓦赞写小说、散文，以及少量的诗歌。他了解巴黎的一切，其中包括出版社和杂志社。他曾去非洲和欧洲旅行，经常与"水牛比尔"（Buffalo Bill）来往，还为阿尔伯特·鲁塞尔（Albert Roussel）创作了一部歌剧剧本。后来他说："维克多有诗人的天赋：他揭示事物的美，并将其呈现出来。"

他的小说《驿边酒馆》（*Le Bar de la Fourche*，1909）是模仿美国西部片的一部作品，其中描写了堕落的少女以及粗犷的侦察者，这本小说一经法雅出版社（Fayard）出版便大获成功，虽然今天看来这本书晦涩难懂。然而，德瓦赞更喜欢把他的出版工作草草了事后跳上西伯利亚大铁路上的火车。他的朋友皮埃尔·路易教训他说："你刚一走就有大批的文稿涌来！到处都是！我还收到了满是溢美之词的信。"你在站台上等他，蒸汽机车在缭绕的烟雾中驶进站，"奇迹般地卡着时间"，那是 4 点 37 分。他没有带任何行李。你们两个人都幽默极了，而且都精神焕发，生命在你们身上展现出它应有的样子：给人带来快乐，有冒险精神，高效可靠。

如今大家都忘了，当初多亏了你维克多这位尚名不见经传的新手，读者们才会对你朋友的作品记忆犹新。吉尔贝·德瓦赞伯爵有着浪子般的性情。在他那漫不经心的叙事作品中，他尝试去写出一千零一种轻盈又生动的甜蜜细节。他善于感知和抓取有代表性的场景。虽然你没有向他承认过，但你对他认定的写作手法颇有微词："他会写我希望永远都不要写出来的东西，其中充斥着随意和主观色彩。"概括来说：无关紧要、轻浮、流于表面。而你，你追求的是本质、深度和伤痕。

《写在中国》（*Écrit en Chine*，1913）是这次旅行的成果，我收藏了这本书中法对照的普通版本，奥古斯托在里面提到了他在北京的日子，以及与你相伴的快乐。就像他讲述的，你是一位讨人喜欢、守纪律、有条理的伙伴。他发现你对待一切都果敢而独立，对你不喜欢的事物嗤之以鼻。你既务实又洞察入微。在途中，你懂得制定目标、掌控行程，能够像马贩子那样，为了买一头装着驮鞍的驴来做苦力讨价还价，就像懂得在特定的时刻引用《道德经》或者《恶之花》中的诗句。你会成为一位"非凡的幕后主持者"，你有着"看世界的智慧眼光"。这是最美好的赞扬：这种眼光可以钻探并选择前进的路。

奥古斯托的健康状况比你还差，他信任你，因为你是个既会说中文又考虑周全的医生。待在你那"宽敞又通风"的房子里，他觉得很自在。你的房子位于几处有名区域的中央，这里正是未来的天安门广场所在地。"房子的条件介于简陋的临时住房和有钱官员的豪宅之间。"其风水很好，也就是说，在可见和不可见的气流之间实现平衡，这一点你能感觉到。

办公室—餐厅—客厅这种三点一线的生活非常有规律。早餐吃烤面包、绿茶和水果。饭后照例写三页纸，这就像是你的"晨祷"。上中文课，然后去沿着围墙散步，紫禁城就藏在围墙后面，它引发你的遐想和贪念。午餐喝啤酒，饭后办公，拜访欧洲公使馆的成员。然后骑马两小时，马儿"沿宫墙直线奔跑"。在游廊里吃晚餐的时候，空气里弥漫着香甜和辛辣的味道，这让人想到法国南部。饭后你会阅读很长时间，伴着灯光、鸦片烟卷，烟卷发出美妙的噼啪声。夜里你会在五脏俱全的房子里独眠。

奥古斯托的到来，这是"我最大的期待"，没有打乱这种修道般的秩序——你一边把头埋在手稿里，一边谈论着"修女的时间"。他很快适应了这种节奏。你们一起读书，一起写作，一起学习。作为消遣，德瓦赞随你一起到处搜寻手工艺品小摊和商店：他太喜欢"买小摆设"了。你给他做了示范，买了多件明朝的瓷器，还买了漆器和花瓶，以及一扇画有无花果和花卉的东方乌木漆面屏风。一开始的时候，你也曾打算做手工艺品进出口的生意，以赚取足够的钱，实现财务自由。而像他这样的贵族，不需要赚钱谋生，他只是旅行、恋爱、学习、写作，真是令人羡慕。在玫瑰色的傍晚，你们将知心话一段段倾吐，如同莫里斯·丹尼在其画作中描绘的场景，这时除了"美好的幸福"还有什么呢？

为了给长途旅行做准备，你也测试了几匹"血气方刚"的马。你每天骑马跑两段路，至少二十公里，中间停下来在凉亭里、侧柏下、桥上休息，或者在有栏柱支撑的圆形大理石露台上喝一杯茶或者画一幅草图。你参观了天坛、地坛，还有大钟门。你喜欢当地建筑倾斜、多变及流线型的美，喜欢这些建筑的天窗，还有每一个分区后面迂回的小路。让你高兴的是，一推开隔墙的门就会看到一片静寂的竹园、一个点缀着铁丝蜻蜓装饰的池塘、仿大理石的石块、整齐的汉字石刻。一座旧瓦房屋顶上，野草疯长，雕龙栏杆的拐角楼梯通向瓦房，另一座塔涂着橘色的清漆。你写道："我敲了敲石板，感受到石板的坚固。我听到响亮的回声，感觉自己坚定而满足……"

如果想要走回来，就必须经过十五号门，"这是一道重要的门，呈金、蓝、绿三种颜色"，这是你最喜欢的门，它被嵌在宫墙之上。你说，"在偌大的中国生活，有时候会感觉很奇妙。我们似乎与数千年逝去的时光擦肩而过"。

夜里，在进入梦乡的北京城里，你们一起评论莫泊桑、拉弗格、兰波以及克洛岱尔，身后传来老鼠在隔墙中的咯吱声，街上仅剩的几辆手推车吱嘎作响，喜鹊栖息在枝叶间。时间似乎因纸糊的灯还有冰凉的木地板而变得绵长，你感觉非常舒服。你从1901年开始吸食鸦片，鸦片是一位"让人担忧的情人，你将她征服，将她守护"。既如此，如何从它快速的发作和散漫的火光中抽身？回到布列塔尼后，你将很难摆脱烟瘾。但此刻，又一阵烟瘾发作了，大烟土嘶嘶作响，你无时无刻不靠它过活，完全受制于这散发着芬芳、能控制人的颗粒物。你敏捷地穿过圈门和精致的花园，过去和现在嵌套在一起，看到之后便立刻明白过来。你变得口若悬河，最后平静下来，重新回到现实之中。这个空间属于你！

在一幅示意图中，你总结了这座被选定的首都的形状呈梯形：汉族人居住的城区是外城，呈长方形，上方是旗人居住的正方形内城，里面是方形的皇城，皇城中心是紫禁城。在其四周，在冰蓝色的天空之下，无数的房屋鳞次栉比。紫禁城的后面是平坦的北京城，在那里你不停地观察，不停地骑马探索。

奥古斯托听从你的建议，大概是出于兴趣，草率地从欧洲来此探索、消遣和娱乐。"当我们经过时，物品、颜色、声音、动作呈现在我们眼前，只一瞬间，然后走远。这真美妙。"为什么不呢？他有的是钱，即使没有到不把钱放在眼里的程度，他也实在不知道拿这些钱做什么。巴黎有一位经纪人替他打理，他预支了三万法郎作为旅行的经费。在你的陪伴下，奥古斯托走街串巷，他的侧影优雅极了，讨价还价后买下了一个绿石印章、几块琥珀，你为了买这个闪着珍珠般光泽的黄色小圆盘花了八美金。然后他又带你进了寻欢作乐的地方，因为过了这村就没这店，里面涂脂抹粉的女人如同"小公主一般，嘴巴小巧圆润，细长的眼，小脚"。你接受不了没有性生活的日子。何必拒绝这樱桃小嘴呢？

夜里，奥古斯托睡在你旁边，他的理由是这样更惬意，可以继续聊天。伊冯娜不必为这种深情厚谊感到不安！你们很快便开始了旅行，你陪着他走遍了这个经数世纪风雨成就的国家。1914 年，他再次成为你坚定可靠的队友。你用这样一句话进行了概括："美好的国家，美好的同伴！"

这次，你的旅行队伍中除了你们两个人，还有一位姓杨的管家（他会放映电影和摄影）、一位方言翻译、一位厨师、两位男仆和两位马夫，以及与人数相同的马匹——你把你的马让给了他，"这匹马很好骑"——另外还有十几头被驯服的骡子。真是支漂亮的骑兵队！你配备了手枪和步枪，上衣里装着烟斗和烟叶。你的枪套里装着需要用大剪刀才能剪开的银锭，还有几张在遇到官员检查时可以用作通行证的纸。你带了一架维拉斯科柏-理查德（Vérascope-Richard）牌的立体照相机以及玻璃底片。在布满灰尘和麦秸碎屑的最后几道光线里，你在客栈的凉席上写字、画画。夜里，你睡在"装有软条，像簧片一样可以拉紧也可以放松的地板上"，在陕西时也会睡在简陋小屋里的炉灶前面。你为这次行动，为遥远的距离，为身处无尽的未知之地感到愉快。"实际上，我来这里并不是为了寻找欧洲，也不是为了寻找中国，而是为了寻找一种中国印象，"你承认，"我紧紧抓住这一点，反复玩味。"

9

在于埃尔戈阿森林石海的边上，旅游事业联合会立了一块提示牌，上面写着"此地有危险"，提示游客会有石头滚落。但这句提示语已经被爱开玩笑的人擦去了两个字母，于是变成了："此地有天使①。"

我被这句话逗笑了。是的，对于了解此地的人、希望这里有天使存在的人而言，这座大森林里面确实有天使和幽灵——它可能是古代的布斯里昂德森林（Brocéliande）的遗址。这一次，我被接连不断的暴风雨阻挡在此，住在了坐落在湖边的湖滨酒店，大雾笼罩下，这座酒店带有浓厚的凯尔特风格。我最后放弃了去观景台的打算，在那里，一块不起眼的石碑和被遗忘的石柱记载了你的死亡。前一天，我又去了墓地拜谒你的陵墓，雨落在被冲刷干净的铺路石上，发出

---

① Dangers（危险）一词去掉两个字母变为 anges（天使）。

绵软的声音。但埃莱娜·伊勒贝尔在你墓前种下的绿色橡树已经死了，直至那时这棵树还是你墓地的地标。伊冯娜和伊冯已经在阴森的石板下与你相聚。

第二天，天气依然阴沉沉的。湖面张开了疲惫的眼睛。于埃尔戈阿森林朝隐藏在它山坡上的村庄撒去阴沉的色彩与簌簌的雾气。要想在大树的穹顶下冒险，就必须穿长筒靴。弗朗索瓦兹·利维内克（Françoise Livinec）画廊已经关门，它的前身是镇上的一所女子学校。这里没有书店，也没有博物馆，只有凄凉的圣伊夫（Saint-Yves）教堂。就连位于天空路 55 号、建在小植物园上方的养老院也不能让我提起兴致，虽然它的各个大厅都是用作家的名字来命名的，比如科比埃厅、谢阁兰厅、凯鲁亚克厅。为什么还要留在这里呢？我要回到晴天的地方。我很快便来到了阿雷山（Monts d'Arrée）的边缘，再走几公里就可以去到更温和的海边，那里是莫尔莱（Morlaix）海湾。怀特离开特勒博尔登（Trébeurden）后的栖身之处在后面一条土路的尽头，尚不比一辆大篷车宽敞。

几个星期前，我给他写了一封关于你的信，他很快便回了信。你的名字就像一个契机，为我打开了去跟他见面的大门。为什么不去呢，我只需要走过北面的海岸就能去拜访他。他是你最细致的评注者之一。我曾经在蒙鲁日酒店读过肯尼斯·怀特（Kenneth White）的作品，也喜欢他的流亡经历。就像他在《寄自古尔古奈尔的信函》（*Letters de Gourgound*）中讲述的他在阿尔代什省山里的第一次流亡——阿尔代什也可以被称作艺术和拮据[①]，"在博梅（Beaume）的山谷中，在普拉杜什（Praduches）的小村庄，这个村庄被叫作古尔古奈尔（这个词的发音中有咕咕声，这是在说源语言）"。吹牛！怀特就像一个日本武士，需要靠三袋大米和四十千克旧书在他那破败不堪的农场生存下去，刮风的时候要当心，下雨也是他的凄凉的时刻。他沉思、写作，然后回到中心位置……我明白这种"犀牛般的孤独"，虽然孤独，但他又必须待在那里，集中精力，品尝"真实的味道"。就像你一样，维克多，你跋山涉水后归来，疲惫不堪但激动不已。

20 世纪 80 年代，怀特西行，在布列塔尼买了一栋房子。他幽默地说："我感觉自己有点像一个中国人离开生活殷实、散发着木兰芳香的南方，去往荒凉的、刮着大风的蒙古。"一切都在这雾气笼罩的僻静之地重新开始。这是一个贫穷、偏僻、荒凉的角落。这是一个在大西洋沿岸的工作室，遭受

---

① Art（艺术）和 dèche（拮据）两个词的发音连在一起就是 Ardèche（阿尔代什）的发音。

着风吹浪打。

他的信在我的口袋里，我把租来的车停在路边。这辆车不能倒挡，于是我每次都需要通过转弯或者环岛来转向。我开进了勒奎林（Le Quellen）湿地，然后又转向朝加维尔（Gavel）公寓和卡布东（Cabouton）别墅开去。这是因为高盖尔（Goaquer）路位于圣杜里安（Saint-Dourien）和克罗古卢（Croas-Goulou）之间，而我的地图上没有标记出来……

一个身材修长、穿着套衫的人突然隔着篱笆挥起手。我急忙刹车。那就是他。

"这里很难找是不是？所有人都这么说，但我知道你一定能找到……"，怀特道。

这是一座具有当地建筑风格的房子，用板岩和花岗岩建成。北边是几棵苹果树，南边种了含羞草和桉树。下方是大海，海浪打湿了岩石。

诗人有活力又爱动，他请我进屋，把我介绍给他的妻子，然后给我泡了一杯云南茶。我们寻找着话题；在他面前我有点局促，除了因为他是我的前辈之外，还因为我是他的忠实读者。他多次去亚洲旅行，精神独立，学识渊博，这都让我感到如沐春风。我们互不了解，因为你的关系，我们很轻松地聊起中国、波利尼西亚、布勒东和超现实主义者、《碑》集、《颂歌》（*Odes*）以及高更——这是一个必谈的话题……

墙上的木质画框里镶着一幅"旅游石画"，这幅自然画卷中层层叠叠的岩石让人想起低垂天空下的山峦。沉思其中，只需要用眼神略过，跟随画中的山顶，迷失在云彩中，从而置身其中，原地游荡——简言之，这是一幅精神的图景。旁边是一座小型的日本花园，这个花园真实存在，我不断劝说着自己。报纸和杂志一摞一摞地堆在桌子和椅子上。

第二栋建筑原是一座珍品陈列馆，现在成了怀特的工作室，里面有一间很大的办公室兼书房，分为两层。数千本书按国家和语言分类摆放，其中有俄语、汉语、德语、阿拉伯语和英语书籍。另外还有海岸地图和地图集，它们或被堆放在那里，或被卷起来放在像管风琴琴管一样排列的硬纸筒里。还有包括瓶子、骨头、海象牙、树皮和贝壳在内的一系列收藏品，它们都暴露在海鸥标本讥讽眼神的注视之下，海鸥的翅膀借助一根尼龙线伸展开。一副红色有划痕的面具悬挂在一层架子下面。不远处是一座雕刻，刻的是一头搁浅的鲸，长长的，横躺在苍白的礁岩之间。

"请进，请进……"怀特邀请道。

地上铺着一块灯芯草地毯，十五个左右的纸质文件夹摊开在地毯上，像造房子游戏的彩色方格一样。他正在工作，在每一个文件夹上，我的东道主都放了一块鹅卵石或者熔岩石、珊瑚、花岗岩碎片、未经加工的铜块。我知道他对矿石感兴趣，于是给他带了在南极半岛航行时捡到的黑色石子。这份礼物似乎感动了他。伟大的南部。

"现在我需要把合适的手稿找出来了。"怀特说。

我们继续谈论着你，维克多，怀特为你写了很多篇文章，尤其是《谢阁兰，旅行的理论与实践》(*Segalen，théorie et pratique du voyage*)。他自己也承认，你是他经常对话的人之一。我们两个都钦佩你在别处的探索以及对于可能性的需求。一段寻找自我的短暂生命，"坎坷而骄傲"——"潜藏在意识深处的绝对形象，就像皇宫里的中国皇帝。"怀特这样写道。

"在时间上喜欢古代，在空间上喜欢异域，喜欢这种距离感。距离越远意味着越多存在的可能性……但他要独自生活，全身心投入写作，所以他毫不犹豫地自嘲为'怪物'。"

"我们的谢阁兰可是有很多麻烦事"，我接上话头。"直到他去世前几个小时都是如此，不是吗？回到酒店，他穿上"中国短靴"，换下了低帮靴子，这种低帮靴不能保护腿肚。突然之间，一切都发生了改变。"

"确实很奇怪"，怀特承认道。

"还有他那些装在'镀锌盒子'里的手稿，他把它们装在行李箱里带着。你还记得，1917 年，他带着中国工人前往法国，当他们来到新加坡海域时，在一个'如黑色钻石一般'的夜里，他的船撞上了另一条船。船要沉了，他为他的作品感到害怕，他的《西藏》……如果一切都浸到了水里怎么办？文字一下就会褪色，只剩下空白页……"

在窗的后面，雾气最终将院落和篱笆笼罩起来，几根树枝又将其划破。这让人感觉置身在坚持撞到窗玻璃上的一朵云里。我的东道主只要一开门，这朵云就会像画卷一样占据我们的空间，将我们吞没，从腿到胳膊，我们俩的头尚未被吞没，它们还在继续聊天，然后头也会被半掩起来，就像麒麟被掩埋在中国的黄土中。一束光在草坪上铺洒开来；一只家养的喜鹊在开败的杜鹃花之间蹦蹦跶跶。这开辟了一条路。

"它住在树上"，怀特向我解释道，"我一整天都能听到它的叫声。它叽叽喳喳地过来监督我写作，然后离开。"

"在他的信件中，同样提到有喜鹊在他北京的院子里筑巢。他和奥古斯托在一起，这座都城已经睡着了，鸟儿还在叶丛中吵架……很快他便又投入到写作中。"

"实际上，我感觉自己生活在修道院里，日复一日，沉浸在我的经书里，你知道，这是司各脱派的修道士的传统，而且我喜欢抄写某些作品，从而深入了解这些作品。比如兰波……我给这座房子起名叫作 Gwenved①，是'白色世界'的意思。"

"所以我们的维克多心心念念的是这间'装满陶瓷的房间'吗？"我问

"是的，我是隐居者……但我依然保留着飞机航班时刻表"，他一边在房间里走动并伸展着高大的身躯，一边幽默地回答。

我们喝完了茶，为了向你致敬，我们倾听着农场上均匀而清晰的静寂之声。大海涨潮了。

房子里悬挂着一条横幅，上面写着几个汉字。微风吹来，横幅有些晃动，提醒着"一日之计在于晨"。这可能是你的座右铭。

---

① 在新德鲁伊信仰（Neo-druidism，主张与大自然和谐共处，可追溯至 17、18 与 19 世纪的浪漫主义运动）中，该词字面意思为"白色世界"。

10

　　维克多，你的第一次远行从 1909 年 8 月至 1910 年 1 月，持续了六个月。从北京出发，取道西安和兰州，如同一条将中国割开的切线，然后下行至四川宜宾，又沿长江，溯流而上，穿过重庆、宜昌和南京，行至上海、广东、香港，全程三千公里。最后你还去了日本，到达了长崎、神户和大阪，然后又返回北京。

　　在这个无处没有河谷、山口、山峰的中国，德瓦赞，这位"敏感的朋友和完美的同伴"常伴你左右。除了折叠床和银质旅行箱之外，你还带了一个迷你图书馆，以及用于写航海日志、手稿的东西，同时还不间断地写着信——尽管你和奥古斯托达成一致，决定不把私密的事情写在信中。对于你而言，你的挎包里装着与别人合写的关于鸦片的随笔，这变成了第二本与"神秘"有关的作品，还有关于《砖与瓦》的零散笔记。

关于这次非同寻常的私人旅行，从一开始一切都被记录下来：每天的行程、歇脚处、弯路、放弃的地方。一路上你们做着卖骡子、买驴子的交易，直到落脚到这里或那里休息。在硕大的中国地图上，你用红色虚线标记着弯弯曲曲的路线，以及相继路过的省份和地区：河北、山西、陕西、甘肃、宁夏、四川……在大多数情况下，你会骑马经过这些地方，但在必要情况下也会带着队员搭乘火车、帆船或舢板。你们经历过雷电、暴风雨、泥泞、大雪、迷路、寒冷。恩惠也会出现在其他时刻，比如在华山上，华山是中国的五大高峰之一。"它们的山顶很尖，被蓝色和紫色的天空映出轮廓，雄伟、气势逼人地矗立在那里；我要待在那里，无限期地待下去。"你就这样被征服了。

行进队伍的排列次序如下：第一部分是车队，负载着最重的东西，走在前面，到达后准备夜晚的休整。另一部分是奥古斯托和你，你们轻装上阵，走得最快，可以不慌不忙，最后赶上大部队。你们每天安排六到九个小时的行程，连续走了数月。你沉浸在这个国度之中，其丰富性让你陶醉。天刚拂晓，你就喝了一满杯白兰地。你沿途随心所欲地打猎，对拍打着翅膀飞过的一切都开上一枪。

有好几次，在不那么安全的地方，遭遇匪徒，两个外国人很可能成为他们的猎物，但你们的行程路线不会变：参观宝塔、寺庙（在一座废弃的寺庙里，你们肆无忌惮地用斧头砍下了一颗佛头），察看碑文，就地与极少数的欧洲人会面，其中就有加入中国籍的布列塔尼人凯兰加尔（Ké rangard），他在太原府经商，还有在甘肃见到的比利时传教士。凭着你的能量和灵感，你沉浸其中，被脚下发生的现实紧紧抓住。你对一切都感兴趣，奥古斯托则对你亦步亦趋。另外，比起往来不息的中国劳动人民，你对陵墓、雕像、遗址以及寺庙中压印图案（刻在红墨印刷版上的大字）更感兴趣。好奇心是让人陶醉，催促人走得更远、更快的一剂灵药，但你还是一位唯美主义者和考古爱好者，你不信任人民大众。作为一名精英主义者，你很少与人分享……实际上，你缺乏同情心，一位年轻产妇的孩子快要死了，你却毫不动容，这件事就是明证，前一天夜里你吸食鸦片吸到恶心是真的。你以一名优秀外科医生的身份，有条不紊且冷静地尝试去救治这对母子，但无济于事……于是你重新上路，行程被这"苦难的异域风情"耽搁了，你感觉自己是一位健在的尼采式人物，可以看得更清楚，理解得更透彻，简而言之，可以活得更好、更强大、更高昂，飞驰在"谷物的光辉"中。你对这种不竭的活力感到骄傲——"我感觉身体好极了。"从你吃肉的胃口来看，你下定决心"要在蓝天下"，沿着"名副其实的阳关大道"行走"五到六个月"，冒着刺骨的寒风，以少有的强度前进。

"严格来说，我们只骑马前行、吃饭、观察和写作，绝对没有任何一丝忧虑……"你思考了孔子和老子的思想，你了解《易经》，其含义是"关于变化的书"。你浸润在中国文化之中。你知道山的奥秘，而且会背主要诗人的诗句；你学会了按"里"来计算距离，这是一个奇妙的量值，按照骑马日行一百五十里的标准安排行程，如若地形起伏不平，则连一半的距离都走不到。你不情愿骑在长着厚厚皮毛的高大骆驼身上，骑骆驼是很帅气，但骆驼走得慢。问题是你们要像作战的军队一样行进，朝着令人震撼的事物、景色和墓穴前进，与它们面对面，从而获得惠益，听到声音，得到所有感觉，受到事物最为对立的一面的指引。

从好几张照片里，我们可以看到你从一条满是碎石子的小路上走下来；或者在露营，头上扣着一顶裹耳软帽，身上穿着加厚的外套，背着枪；或者在兰州南部的雪地里，你像东方三王那样裹着狐狸皮衣，外面披着毛呢披风，眼里反射着光芒。在其中一张照片里，你们沿着一块旱田走着，你走在队伍的中间，走在你前面的是一名仆人和奥古斯托。奥古斯托挥舞着马鞭，后面跟着一队骡子，还有一辆歪斜的货车。前进！这张照片不是近照，而是由站在田地边缘的管家按下了快门。就算说这是一幕剧照都不为过。你稳稳地坐在马上，神色坚定，坐姿笔直。

很明显，你喜欢耕作这块"黄土地"，在"越积越多的
尘土"中前行。这是从蒙古方向吹来的风带来的尘土，在某
些地方，可能会达到六百米的厚度。你这样描写："裂缝、意
外出现的井、溪涧；仍然站立着的，是垂直的剑、山巅、怪
异的城墙……"，这是大地的折磨和风暴。"凝固的浪涛"，
我们可以感觉到你在陕西的狂喜："那里有色彩、形状、山河
之大美"（9 月 23 日）；"裂缝很大，小路从没有裂缝的地方
经过。风景像布景一样铺展开"（10 月 5 日）；"我们将沿着
中国西藏的边缘走，非常陡峭，又非常神秘"（10 月 31
日）。是的，是你，维克多，冒着雪崩、滚石、翻越丛林陡
坡的危险匆忙赶路，惊起一片飞鸟。这次，如果你被倾盆大
雨挡住去路，放弃去库库努尔（Koukounoor）也罢，前面就
是海拔高度三千米的松潘，"实实在在的西藏地域"，置身在
拉萨的商贩和牦牛队伍中，一眼望不到尽头。你在《碑》集
中写道："你从其他可见的山峰后面经过。我知道你需要走的
路增加了一倍。你不懈努力，就像朝圣者垒起的一块块石
头……"

到达兰州三天后，你和你的同伴在 11 月初开始攀登秦
岭，秦岭与"西藏地区无边的轮廓"相连。但你们被大雾和
阵雪吞没，道路在暴风雪中消失了。你们不知道身在何处，

走到了何种感情极点！这有什么关系，你们加入了另一队人马，将去一个海拔更低的村落避一避。胡须结了霜，手套和皮鞋结了冰，膝盖因为太用力而磨伤。在一个牲口棚里，你们在酷寒中做着梦，梦见你们紧挨着蜷缩在一堆冒着烟的旺火旁……

夜幕降临，空气中透着寒潮冰冷的味道。明天，你们将到达河套谷地，像金属屑一般磁化的河流闪闪发光，这里依旧是中国的领土。你们沉浸在这幅展开的地理画卷中，此处醒目、悦耳、让人振奋。"在这里，眼睛可以完全放松地沉浸在欢乐之中。"你在一座庙宇脚下夸张地写道，这座庙宇的铜质尖顶直耸入陶瓷一般的天空。

不管物质充裕还是缺乏，所费的力都会加速血液循环——你在这世界尽头想进行的是一场肉搏战。你吃过鸡蛋，喝了白兰地之后，充满了征服者的欲望。你从来不会生病，除了几次吸食鸦片过度造成呕吐。你骑在马上，从不会缺乏前进的力量。前进，继续前进！心在跳，马儿快步跑，眼神温柔的骡子紧随其后！这就是你，容光焕发，在高高的草丛中，穿过充满生机的树林，紫色、红色、鲜艳的橙色，树影下树木的颜色是灰蓝色——俨然"一幅高更的植物画作"。你由此获得灵感："将它们记录下来与进行文学创作的欲望在我身上与周边聚集。"你去到更远的地方，从而可以向印度的象头神祈祷。"它可以除掉障碍，"你这样向这种"持续不断的写作激情"致意。然而，你轻声说出来，灵感就像浪涛拍岸一样带着一切而来："我们没有因为客居他乡而感到不习惯：这个国家白白有一副令人惊奇的样子……我们经常住在另一个国家，就像穿衣一样频繁。"除去过分雕琢的花园与果园外，什么时候能完全在场？

*

但旅行留给他一大笔财富——别样的欢乐与激动。这是一种凝练。你认真准备文章的文字和开头，因为你感觉自己正迎着神秘走去，"在世界的边缘品尝到在另一个世界的感觉"，直到见识到这种"一点都不会让人开心"的多样性。正相反，这种多样性会让人变得敏锐，带有辐射性，将人重新拉回中心。

在四川成都，你见到了法国领事安迪（Pierre Bons d'Anty），他认识魏尔伦，崇敬波德莱尔，也会作诗。你还买了"与1878年份的波尔多葡萄酒类似的"鸦片膏，每次休息都会美美地抽一次。之后你来到重庆，12月底时，你遇见了一个新朋友——让·拉蒂格，他是在法国炮艇上工作的中尉，时年二十四岁。你们彼此一见倾心。他这样描述你：苗条，中等个头，有着孩子般的脖颈、精致的面庞，下巴有些尖，宽大而苍白的额头，天鹅绒般温柔的棕色眼睛，富有表达力，语言细腻，这种语言来自"深邃的思想之湖"。"小让"会说汉语，想写诗。他说自己臣服于你不可抵挡的魅力："只要接近他，就会感到欢快。"而你又是这样定义他："令人钦佩的智慧之人，逃避的、深沉的、温顺的反抗者。"他会绘制地图，将在1914年陪你进行第二次旅行，并且帮你出版了你的遗作——尽管你最后和他闹翻了。然后你又跟法国领事阿尔贝·博达尔（Albert Bodard）交往——他是吕西安的父亲而吕西安后来成为了一名记者，但他没给你留下深刻印象。

最后，你乘坐一艘平底帆船沿长江顺流而下，先到达上海，然后到达香港。长江上的航道和峡谷让你赞叹不已。河流有其"独特的生命"，里程长度和涌现的事物都令你着迷。

你登上了"白鹭"舟，船上悬挂着中国和法国国旗。这条船"整体是中世纪风格，有一点像小吨位的快帆船"。河流带着你前行，你遇上并加入了装着重物的慢艇队伍。这支队伍如同你乘坐的舟船，顺风而行，或者相反，由纤夫拉拽前行。1月19日，你对"绿色的、锋利的、飞逝的浪花感到着迷，它们因为活动和速度而显得像玻璃一般坚硬"。你不慌不忙地详细描述着漩涡以及短短的支索，"与你的行程一样，船只一路顺流而下"。"白鹭"舟将你带到海边，你搭乘了一艘蒸汽轮船，一路从峡谷到险滩，抬头可以看到白雪皑皑的山巅，冰凉的泪挂在脸颊上。"我们给自己做了一张带沙发套的长沙发。我们阅读、观察，在过险滩时将身体向前倾斜……"你将桨声谱成歌曲记在乐谱上，就像曾经将僧人们富有旋律的祷告声谱成乐曲一般，你凝神静气倾听这"美妙的声音"。午夜时分，没有灯火，没有方向标，只有"苦力们摇着长桨的喊号声"。你继续乘船赶路，伴着摇曳而温柔的梦，潮涌打在船身上，呜咽的水声抚摸船身。

　　不赶路时，你会反复参观一些景点，比如峨眉山上海拔超过三千米的佛教寺庙，要爬上凿在岩石里的台阶才能到达。你明确写道：当你遇到"眼睛狭长，阴翳中带着光芒，脚蹬厚皮靴、穿着赭石红色外衣的"朝圣者下山时，就"很少或者不会感到累"。在山顶上，你和昏昏欲睡、低声咕哝的僧人一起参加了晚课。写有经文和祈祷词的彩色小三角旗在空中飘动——这些小旗上装饰着迦楼罗、龙、老虎和狮子，人们称之为"风马旗"。阳光消失在乳白色的群山后面。你究竟想耗尽多少无限？

　　自此，你头脑中开始酝酿另一本作品，你后来只写了七八页：《寻找麒麟》（*La Queste de la Licorne*）。这是一名欧洲骑士的故事，像马可·波罗一样探索着 14 世纪的中国，途中可能见到了……你曾经见过并且围捕的神话动物。这个所谓的发生在中世纪的故事开篇如下："然而，他曾收养并救治了一匹体形完美的白色良驹，从此他去到哪儿，这匹良驹跟到哪儿，并希望得到他的抚摸，后来他惊恐地发现良驹变了样子……"但难以得到满足的你又着手新的计划，其中包括关于河流的专题著作、小说、一部"短篇随笔"以及"中国研究"。这就是"我迄今为止关于中国所收集到的一切"。你花了刚好一年的时间。

最后，在海滨，你回到了钢筋水泥的大城市，"戴鸭舌帽的男孩儿、不协调的电铃声、国际酒店的气味"，酒店里的栅栏电梯，街上是大喊大叫的人群，柔和的干净浴巾，淋浴的热水，所有这些带有"商业、忙碌、奢侈、豪华"字眼的东西你都不太放在眼里。唯一的安慰是：你另一位布雷斯特的朋友让·欧奈耶（Jean O'Neill）和他的妻子也在那里，他的妻子后来成了拉蒂格的太太，她迷恋着你，你也迷恋着她。这位让先生在远东信贷银行工作，职位很有影响力。

在此期间你去了日本旅行，参观了神户、大阪、京都和东京。你游览了寺庙、陵墓、宫殿、茶屋，还逛过妓院，就像《砖与瓦》这本书中最后讲述的，逛妓院是为了见一见"女士们"。在中国内陆地区吸了太多尘土之后，你可能喜欢上了雪松和葡萄，你还买到了歌川广重署名的版画。

你回到了香港。伊冯娜和伊冯也乘船从马赛来到了香港，数千条挂着蝙蝠翅膀形船帆的平底帆船围在大型客轮周围。你激动地扫视着人群。你剃掉了自己的羊角胡。帅气的奥古斯托很有分寸，悄悄走掉了。

你向伊冯娜承诺要把过去没有在一起度过的十个月补回来，要一起好好逛一逛春天的北京；你向伊冯承诺要给他踩着脚的小马还有纸龙。你告诉她你一天天地倒计时，恨不得"把时间吃掉"，眼睛紧盯着墙上的时钟，为没有她在身边的日日夜夜感到遗憾，为疏远自己的妻子感到难过。而伊冯娜呢，她如此善解人意又忠贞，再一次回到了你的怀抱。"你不会再哭了，对吗？"你想起她有一次独自过圣诞节时濒于崩溃的场景，为自己辩解道。她带来了几样散发着布雷斯特和雨天味道的东西，其中有几令莫兰纸，以及用硫酸处理过的透明纸，给你写信用，还有埃雷迪亚（Heredia）、萨曼（Samain）、雅卢（Jaloux）和法雷尔的作品，"我离开之后水星出版社出的所有书"，还有"铁把手有些生锈的棕色方形木箱，里面装着我个人的笔记，箱子用一把隐藏的挂锁锁着"。这里面装的是 1918 年被付之一炬的那本珍贵日记吗？

尽管你对你们的夫妻生活有所迟疑，以至于遭受到一种紧张的危机感，但你最终还是"不负责任地"投入进去，醒来的时候"仿佛在坐牢"。你和你的娜娜 1905 年结婚，在写给她的信中，你充满柔情，感情的抒发中掺杂着极度的自私。诚然，这位医生的女儿支持你，使你安心。作为你的头号读者和崇拜者，她是一位勤勉的秘书和资料员，既是你的助手，又给你鼓励和安慰。她活在你的光环之下，也活在你的阴影之下。总而言之，她自从了解了你不会做任何有失身份的事情之后，便开始默默做出牺牲，因为你会把自己的选择强加给身边的人——"艺术家的畸形生活"。比起涌着海浪的海洋，你更喜欢来往于崎岖的山峰和马儿奔驰的平原之间，而她作为海军家属，甚至还学会了等待，因为你从不会放弃任何溜走的机会。最后，还需要对她不应该看到的东西视而不见——奥古斯托和你，你们毁掉了大部分的通信。维克多，你即使结婚了，也依然想保持这种"完全自由"的状态，肉体上和情感上都是如此。她一直忍受到最后，甚至要接受在你的最后一年和埃莱娜·伊勒贝尔分享你。她有没有把和你在一起的生活写成日记呢？似乎写了，但至今未找到任何痕迹。

她带着你们那么小的儿子，在海上航行了这么多天之后，总算抵达了，他们虚弱地踏上了坚硬的海岸。伊冯娜感动得热泪盈眶，高兴地挽着你的胳膊走在幅员辽阔的中国。你又闻到了她的香水味，感受到了她的嘴唇，听到了她咯咯的笑声。回到北京前，你们甜蜜地在广东生活了一段时间，

"那里地处热带，充满阳光与火热"。而德瓦赞呢，他搭乘客轮返回马赛，并于1914年回到中国进行第二次旅行。

来到北京，伊冯娜立刻喜欢上了杨好不容易为你们在城北找到的新房子。这是一座横向分布的平房，砌着砖，铺着既朴实无华又奇形怪状的席子。这与布雷斯特相比变化多大啊！

你带她参观了寺庙、很大的市场以及"挤满花瓶和旧衣料摊店的街道"。她同样为命运的轮转感到高兴，享受着"越来越中国式的生活"。黎明时分，当她看到你把马鞭的鞭竿插在长靴里，叫马夫来给马装鞍的时候，她的眼神意味深长。你又恢复了那种持久的躁动不安，需要骑马在紫禁城周围奔驰，每天两次。或者是被某个扎着小辫儿的孩子领着去爬周围的山，在山上可以看得更高，看得更远，"带着一种不受惩罚的执念"。简而言之，你在逃避。1922年克洛岱尔给伊冯娜写了一封信，在谈到于当年在凯勒书局出版的《勒内·莱斯》时写道："他一直骑着马围绕位于城中央的一个难以进入的神秘之地转悠。这不就是你丈夫的生活吗？"

11

在北京，我寻找着你的足迹，但徒劳无功。你在北京的第二处住所在哪里呢？那里"窗口很大，镶着木窗格，糊了透明窗户纸"，你曾与伊冯娜还有你们的儿子住在那里。

那座房子离使馆区和商业区很近，由"三栋完全分开的建筑组成，中间是一个开阔的花园院落"。办公室有书架，挂着书法和石印作品，以及高更的波利尼西亚版画，还摆了一件高大的唐代陶骆驼。

现存两张在室内拍摄的照片。在其中一张照片中，你坐在桌旁摆着造型，上半身露出四分之三，穿着整套白色西装，旁边摆着插有橙树花的花瓶做装饰。第二张是在午睡时间拍摄的，你躺在矮床上，一边翻看一本书，一边和杨总管说着话，可以推测杨站在角落里……

按理说你的外貌举止和任何一个放逐到中国、享受安静生活的欧洲人都没什么不同。但除了富有古典主义气息以外，你其他方面与别人不同，放荡不羁，超然物外。此外，你的缺席、抗拒和决裂使得你像地洞一样深不见底。反差那么强烈：在裹了糖衣的外表之下，是一种不妥协的精神，是一种坚持做自己的决心，你的苛求达到了焦虑的地步。而后，通过艺术这种没有得到满足的寻觅，你尝试将异域风情、多样性、神秘性理论化，拥有你想成为的强者那般宽广的眼界。中国——作为你灵魂和热情的借口和舞台，刻画着你唯一的面庞。突然，看到你们经过，气泡从深渊里冒出来……

　　我喜欢这座房子，也喜欢你在 1909 年出发旅行前住的第一座房子，在这两座房子中，我都可以看到自己的影子。为什么不去勘察一下，感受一下这两座房子的风水呢，尽管它们和我在东城区湖东边住的酒店应该没什么不同？这是一座将军的旧宅，第一道缀满门钉的大门起到了保护作用，还有另一道门用来阻挡邪气。这座宅子里还有一个方形的院子，院子周围有好几个房间。按照习惯，我住的四合院的窗户从不会朝外开。这个地方的魅力就在于这种房间的嵌套，房间沿木质回廊分布。向上，屋瓦上还有一处方形平台。那里与世隔绝，我喜欢在那里品茶或者喝麒麟牌啤酒，远离喧嚣。在"几何型的清静"中，有一种被包裹、被保护的安全感，不过一位驼背老妇人会用枯枝扫帚打扫鸟笼的周围，一天两次，细致地，如同一只不断打着节拍的节拍器……

但你的大房子已经在拆迁中被拆除，另外两座你前后住过的房子也是如此。你曾生活过的地方已经烟消云散。几乎所有这些地方都被夷为平地或者改头换面——亚洲人喜新厌旧。除了历史和宗教古迹，北京城几乎一半以上的地方都经历了多次拆毁、重建，就像大型积木游戏。玻璃塔、商业中心和纵横交错的立交桥、快车道轧平了原有的道路网或者胡同。有些建筑物的正门或者墙上贴着"拆"字，这意味着该建筑物被判了死刑，将被拆除。居民得到赔偿，搬到四环以外的安置房中。然而，年迈的居民——他们中仍有些人喜欢提着鸟笼子遛鸟——仍然记得街道原来的名字，张口就能说出来，其中不乏诗意的名字。真正的城市就是建筑物的堆叠。在《勒内·莱斯》中，你写道："不能否认，北京是造物主充满神秘色彩的杰作"，也是行动之下的杰作。

这次轮到我去探索了，在对面饭店的屋顶露台上大快朵颐地吃了饺子和薤菜作午饭后，我手里拿着地图手册便上路了。北京城各个角落里都弥漫着烧焦木头、树胶和碳氧化物的味道，灰色砖的平房和矮楼此起彼伏，呆板的高楼林立，闪着光的玻璃在橘黄色的光下显出蓝色。喇叭声、隆隆声，这些噪声就像一块巨大的台布将整个城市蒙了起来。

东交民巷拐角处的使馆区曾经遭到义和团运动的围困

"怎能忘记由查尔登·海斯顿（Charlton Heston）和艾娃·加德纳（Ava Gardner）主演的电影《北京55日》呢？"，但圣米厄尔教堂依然矗立在那里，供天主教徒做礼拜。这座教堂建于1901年，是新哥特式建筑，尖顶穹隆下有两扇红门。这样的建筑风格很少见：塔尖耸立，三角楣上装饰着手拿武器象征胜利的天使——但龙没有被体现出来，天使的眼睛眼角上斜，穿着凯尔特长裤，手持长枪，深陷虚幻中。即便你知道这座教堂，可能也去参观过，但你不会是那里的常客。天主教让你无法忍受。就像你的哲学老师尼采一样，你也认为天主教纯属虚构。他认为其中存在一种"深刻的不安"，这种不安"篡改、贬低、否定现实"。

教堂执事看到我在外围转悠着画草图，便给我开了门。他一句话都没说，把门打开了一点，点亮了三盏灯。教堂里面，立柱也是红色的，立柱的排布使中殿显得更加深邃。立柱之间，呈辐射状的穹顶在一排排发亮的长凳之上铺展开，长凳上铺着坐垫，在花饰下整齐地排列着。这座教堂在"文化大革命"期间被改为学校，后来在1986年又恢复其宗教职能。每个星期日，教堂都举行拉丁文（7：00）、中文（8：00和18：00）、韩文（10：30）三种语言的弥撒。

随后，我从教堂出来，沿着躲避在洋槐树荫下的东交民巷向左边走去。原法国公使馆就在此地，现在被墙围护起来，门口两侧立着两头狮子，一公一母。穿过青灰色的街道，我来到一座长条状的建筑物前，上方耸立着尖顶……

文物局在这座建筑上贴了封条，一块牌子上写着此处为原法国邮局驻地。因此，这里是莫里斯·鲁瓦的父亲阿尔贝曾经工作的地方，他是邮局主要的财务官。维克多，你为了收取信件，每个星期都来这里，1910 年，你第一次遇见了阿尔贝，"我来到邮局后面，想拿到自己的信件"。他跟你说起他那对皇城了如指掌的儿子。他很有语言天赋，比中国人还像中国人，他应该是一名良师、一名导游，不只谈论"灰色、黄色和蓝色的'大东西'"，为什么不跟这位年轻人交个朋友呢？你在北京的故事就这样开始了……

位于这条街 19 号的是一栋砖房，两扇门并排敞开，门框是白色。但令我吃惊的是，这里已经被改造成了饭店！现在这里是北京静园川菜馆。然而，那时已是 15：30，店员又是微笑又是赔礼地把我拒之门外。炉灶已经熄火，厨师正在午睡，什么吃的都没有。

"您来得太晚了，已经过了午饭时间。"他们反复向我解释道。

"那我要一杯茶行吗？"我问道。

"茶水只在午饭时间供应"，厨房的小学徒回答我说，他能讲一口流利的英语。

我坚持着。我对大厅和走廊的印象并不完整，只感觉里面的一切差不多都被重新布置过。营业窗口可能就在窗户对面；这里还摆了一些凳子，供从莫尔比昂和康塔勒被外派到中国的人坐在这里看管他们的包裹；左边是几张桌子，可以在那里贴邮票，最后再把地址写在包裹背面，用一根绳子将其系紧，因为长时间运输会使包裹受到严重磨损。

* ①

莫里斯·鲁瓦是一位十九岁的法国人，《勒内·莱斯》这部小说将以他为原型创作书名人物。1910 年 6 月，这位"在中国上流社会混得最如鱼得水的欧洲人"会说英语、汉语和上海话，魅力十足。他皮肤暗沉，有着天鹅绒般温柔的眼睛，几乎没有胡须，很像中国南方人。他的母亲非常蛮横，"眼睛明亮又凶恶"。也是奇怪，他这样一个勇于冒险、挫败上千种阴谋的人却害怕她，比什么都怕。就像肯尼斯·怀特暗示的那样，是否应该把莱斯理解为"谎言"呢？

你手稿的卷首页上贴着他的一张照片，照片里是一个身材瘦长的男孩，身穿轧纹布的制服上装，头戴尖顶锥形圆

---

① 本书第 11、12 章关于莫里斯·鲁瓦和以其为原型的勒内·莱斯的讲述大多源自谢阁兰所著《勒内·莱斯》这部虚构作品。

帽，衣袖有些长，一条黑珍珠项链一直垂到肚脐处，这让人联想到原子运动。他的脚下是一张独脚小圆桌和一个花盆。他一头棕发，眼睛斜视，一切都显得古怪。

鲁瓦将给你上对话课。但这位"阴暗的耍把戏的人"滔滔不绝告诉你的，既有真也有假，既有可以预见的事，也有不大可能的事。还有所有你希望听到或者想象到的事，其中包括历朝历代、朝臣、嫔妃、阴谋等你这宫外之人所不知道的宫内之事。你重新见识的中国因他的讲述而得到升华，尽管其中不乏"笨拙、幼稚、五味杂陈和惊惧"。

你因此放弃了写光绪帝的作品《天子》的手稿——"极为难写；我日复一日地带着愤怒耕耘自己一亩三分地的活计"。可能就像奥古斯托所写的那样，皇帝从一开始就使他着迷，因为这是唯一一个被放逐到帝国中央、权力中心的男人，"在这巨大的噪声中做一个聋子"，如此人性，又离神那么近。尽管他有九千九百个被认为可以服侍他、保护他的太监，但他还是会被谋杀，而且这种罪行被人用"惊人的手段"掩饰成自杀的假象。你把自己当成了这个可怜的年轻人，清朝倒数第二个皇帝，而他在你来到中国的前一年就被杀死了。"一位复杂多变的英雄，而且一直在重生。"你写道。

经过调查，我大胆猜测，这位君主因支持改革派招来他的姨母——慈禧太后的憎恨，于 1908 年死于急性砒霜中毒。据传他头发中砷的含量超过了正常值……于是年幼的溥仪继承了光绪帝的皇位，溥仪的父亲担任摄政王直到 1912 年。

你的干劲儿终究被草稿、修改稿以及不同的版本消磨殆尽。这个计划坍塌在它本身的重压下：你因此放弃了光绪帝的编年史，这如同一曲三声部的复调音乐，并允诺一定会再继续。鲁瓦的行踪看似比皇帝的行踪更有希望。

你被他吸引，但又有些怀疑他，你积累了很多有关这个法国人的笔记（《莫里斯·鲁瓦的秘密史》），他和你一样受到母亲的专横对待。你把他称作"秘密花园"，然后借助做功课以及偶尔的散步机会再次见到他。他爱这个国家，爱到将自己融入其中。但一切都还含糊不清、诡计多端、曲折。关于他，你这样写道："广阔的意识域。"

鲁瓦仍旧在讲述，不知道是他迎合了你的欲求还是你抬举了他。谁摆布了谁？这是一个难解之谜吗？最后的画面是什么？根据书中最后一句话，"是还是否呢"？

他什么都知道，什么都解释。5 点到 8 点之间，天色尚早，朝阳映红了宫墙，你们骑着马闲逛，他从不吝啬向你讲述与光绪帝有关的各种细节。照他说来，过去的几年里他曾在光绪帝的私人住所中近距离接触过皇帝，你相信他。在此期间，"帅气、敏锐、非常年轻"，但有些黑眼圈的鲁瓦曾经陪着这位令人敬畏的人物围着鱼池和绘龙骑自行车，直至他掉到水池里，鲁瓦将他从水中救起……甚至还会陪他一起嬉戏——光绪帝并不那么一本正经，喜欢在下午"和出现在他面前的女人玩闹"，或者与鲁瓦玩闹。"他甚至和太监们玩，是真是假呢？这些太监可能会向鲁瓦传授奥义并把他引荐给皇帝……"尽管这位皇室囚徒已经失势，但是还是在 1908 年11 月，也就是他三十七岁时去世了，但他依然使你着迷，他死后第二天，慈禧太后也去世了。根据鲁瓦的讲述，他"对响亮的声音发出的躁动异常敏感：一面锣就能把他震晕"。你写道："他被关在孤岛一样的地方，在那里，他犯了眩晕的毛病，在孤岛的中央，在帝国的中央，面对空洞的天空，他奄奄一息。"他也有个替身，这个替身可以骗过所有人。人们将坏消息或者皇宫偏僻的院落里住进了讨厌的外国大使的消息告诉这个替身。这是多好的写书素材啊！

皇位继承者溥仪的父亲是摄政王，他又如何呢？他聪明、足智多谋，却没有得到很好的辅佐。他要求鲁瓦在宫外给他提供秘密服务。就这样，鲁瓦教会了他如何正确地像西方人那样握手，参加他的私人聚会并在那里吃过好几次饭。好极了！鲁瓦从不会让他感到不快。在出现短暂的不愉快的情况下，鲁瓦也会想尽一切办法来重获摄政王的信任，为此"他在女人之间散播各种消息"。摄政王会送给鲁瓦一些尴尬的礼物，其中包括让鲁瓦不知如何是好的十八岁处女。她长了一张娃娃脸，化着妆，面容白皙，他为她买"衣服和首饰"花了不少钱。他不能把她带回家（他的父亲，法国邮局的财务官会说什么呢？），只能把她藏在宫中，晚些时候再去与她相会。

而被撇下的隆裕皇太后呢？她是光绪帝的遗孀，三十五岁，漂亮又纯真。他对她有很充足的了解，因为他化妆成"广东人"或"满族公主"来越过重重看守与她相会。每一夜他都要花钱：第一晚一万美元，第二晚四千美元，接下来每晚两千美元。他需要收买太监们，与他们串通，他用的是这位皇太后给他留在首饰箱上的钱。她在方形床上让他失去了童贞，而这时宫女们在帷幔后面发出阵阵笑声。她让他发誓，像官员那样把指甲留长。她怀孕了，还给他写辞藻华丽的诗句。"然而，毫无疑问：他爱她，也被爱。"你在《勒内·莱斯》中对这个人物进行补充。

1908 年登基的小溥仪呢？鲁瓦送给他一本画册，那是他在城里发现的一本欧洲版书籍。小家伙很开心，他带着儿童的欢乐接受了这本童书。

至于某位恭亲王的儿子，他"小提琴拉得很好"，是宫廷密探的成员，在莫里斯进入宫中会晤时陪伴其左右。你们三个人一起在弹子房用晚餐，进行秘密会议，用眼神交流，窃窃私语，全程都说中文。

　　法国人也有类似的秘密机构，很明显，就是通过心灵感应交流向他们的警察下达命令。他们装作在马路上东游西逛，其实已经盯上了猎物。这个机构会安排人监视酒店和火车站。都城并不那么安全，极端主义者、改革派渗透其中。有危险吗？被仇家捆住扔进被人遗忘的井里，城中有很多这种井。先是被打晕、被麻醉，然后用绳子下放到泥浆似的水中，不留任何痕迹。"密探机构已经为此失去了十几名成员，人们再也没见过他们……"或是被困在找乐子的房子里，房子突然燃起熊熊大火，就像7月里那般。或是在一次人为的车祸中受到重创，或是在人行道上遇刺。他已经被两个日本人穷追不舍。

　　维克多，你被吸引，尝试着加入他的团队。需要对抗莲花教或效忠于他吗？鲁瓦保证晚些时间带你参加他们的一个集会。他们势力极大，且残酷无情。"北京是他的地盘，是他的东西，他可以肆无忌惮地四处走动。"你确定地说。而且很明显，他可以出入所有地方。即便如此，当他凌晨4点钟从宫中离开时，身上因做爱而出汗，筋疲力尽。他走在棋盘一样的路上，充满恐惧。他只有"在自己家才觉得放松"。他只需要一个嫉妒者、一个对手、一个车来吃掉白色的象。

　　但是每一次，这个"神经质又果断"、令女人着迷的男孩儿又重新回到了滔滔不绝的状态，找回了他的电光火花。他用头脑作牵引：他的头脑在想象，而中国是想象的对象。想象力感知到了先兆，在多个空间中移动，非常鲜活、复杂。他在他浓墨重彩记录的现实中保留了做梦的成分。他尤其喜欢讲述。"多亏了他，我才能真正深入到皇宫中最隐秘的地方。"你小说中的叙述者说道，这个叙述者就是你的变身。这种饱满的光亮也是一种在场。

这座都城在你脚下铺展开，像一张网，又像算术般严密，紧紧包围着紫禁城。鲁瓦告诉你，人们不说"皇宫"，而说"宫里"。提到居住其中的天子，"人们不说'他'，而只是把话头停下来；人们把句子断开（相当于汉字中空白的地方），停顿之后，继续把话说完，说的人和听的人都会在这种沉默中恭敬地鞠躬"……你不断向这轮毂攀升，所有辐条汇聚在这里。你自问："我是否能通过他找到通往宫里的正确道路呢？"但在"他那永远挂在脸上的狡猾微笑"背后，鲁瓦-莱斯仍让人不可捉摸，"从不能被人认清"。他时而是中国人，时而是欧洲人。作为御用剧团的业余演员，他从大地、人的等级、阶层、语言和习俗中出现又消失。"只是他皮肤太黑，黄种人从来没有把他当作白人……"

他捉摸不定，蛮横无理，但充满魅力。"他给我讲述过奇怪的现象：一天晚上，钟声敲过之后，他被咬了手指。他产生了心灵感应的幻觉；一个朋友朝自己开了一枪自杀了；得知这个消息前，他的眼前像是烧起了一团大火。他出现了视觉障碍：当鲁瓦在另一处景色前面重新睁开眼睛时，眼前出现的却还是前一处风景。"

但尽管鲁瓦可以根据鞋踩在石板上发出的回声来判断地下排水网，他也会陷入窘况，比如当他面对展开的皇宫平面图时，会突然犹豫起来。他失掉了方向感——"不要问他精确的细节，但可以问他的感受和细微差异，这多好。"或者他也会将几位达官贵人混淆。由于太想征服他的听众，鲁瓦做了太多工作——"这就是为什么由莫里斯来负责这座宝藏！"再说，他可能在宫里染上了一种性病。除了你，还有谁能给他医病呢？

哪些是真哪些是假呢？他真的跟摄政王走得这么近吗？和主要的太监也走得这么近吗？为什么这张被拿来当证据证明他在紫禁城里过夜的门票……却难以辨认呢？

一天晚上，鲁瓦来敲你的门，一副惊慌、被人追赶的样子。他瘫倒在你儿子的床上，浑身是汗，"六天的时间里，他只休息了十九个小时"……他知道得太多了，说得也太多了。"秘密花园"连通着清朝的中心？很明显，你还没有抓住这一点，并且将永远抓不到它……因为你于1910年4月与代表团一起参观了这座被阴郁笼罩的皇宫，这次乏味的参观给你留下了苦涩的印象。在一座阴暗的大殿中，所谓的摄政王"独自在一个台子上"，他从一块帘子后面冒出来，局促不安又笨拙，像是被提线吊着的木偶，嘟嘟哝哝说了些什么后便悄悄溜走了。轮到你了，你鞠了一躬，后退着离开，有些气恼。还有光绪帝被软禁的那座湖心岛也使你气恼。一旦太过接近现实之光，现实便显得让人失望。应该将想象发挥得更高、更强。

虽然只是闪现一时，《勒内·莱斯》依然是你最好的作品。尽管在现实中，你最终摆脱了这个说谎成性的人——你向伊冯娜承认对他抱有"情感"上的一些偏爱——但你还是为他写了一篇有失偏颇的故事，其中最明显的便是一直困扰叙述者的永恒的缺席。诚然，这位漂亮朋友痛斥你不能了解到皇宫的真相，但他同样具备神奇的两面性，可以被你遥控。无法捕捉但与之相伴相生的另一面限制了你的存在。你撞上的恰好是你寻觅的对象本身。

那时，你已经投身于《碑》集的创作中，这些精雕细琢的诗句将所选择的时刻凝聚在一起。这是你的第一部代表作，其中既有讽刺短诗，也有十四行诗，总共六十四首，与《易经》中的六十四卦呼应。某些诗中会出现鲁瓦的身影，他以"背面示人"或者"隐姓埋名"。在《碑》集的最后一首诗中，这位法国人坚持要带你去紫禁城中唯一刻了北京这

121

个名字的地方：这个名字刻在为皇宫供水的水渠的一块石头上。但因为这块石头位于水平面之下，所以需要等待时机才可以辨认，就像一幅在水位低或者结冰时才露出真容的画作一般。这是另一个需要去挖掘、去经历的秘密……

12

　　轮到我了，我本认为我已经厌倦了莫里斯这家伙，厌倦了他那种充满魅力的从容不羁，厌倦了他有些纵欲地招妓。确实，他身上有青少年那种怪里怪气的魅力，但我想回到《碑》集中来，在仿效的古老的文体之下，你首先通过回声和光影游戏谈了自己。你对"包法利主义"（用具有侵略性的想象代替现实的能力）理论家儒勒·德·戈蒂埃说明了你的意图："我故意在中国寻找多变且高傲……的小众形式。"然后："我只是在这种中国式的模板中放入了我要表达的内容……"

　　然而，《通信集》第二册第 1174 页的一处笔记再一次吊起了我的胃口，这使我这个读者又去了趟法国国家图书馆，这里馆藏了 1911 年间鲁瓦写给你的十二封信！其中几封写满了汉字，你还曾对你的妻子抱怨过这一点。"告诉莫里斯别再用中文给我写信：我收到一封他的信，他可能没有坏心，但我没有时间去辨读。"他没能在天津见到你，于是继续向你滔滔不绝地讲述他离奇的历险。

说得直白一点：我想看到这些书信，能拿在手里就更好了。从那时起，这个念头就一直萦绕在我的脑海中。这些信件是从你的这段北京过往中冒出的泡泡，我心想。我正在遭遇"谢阁兰主义"危机，"谢阁兰主义"浮现到了现在的表面上，这是我的现在。它就像一只纸糊的麒麟，一路被仁慈地对待，穿越时空并存活下来，从中国到法国，从 1911 年到 2015 年。我想，要不是沿着鲁瓦的足迹，我可能永远不会离你这么近……

我在法国国家图书馆弗朗索瓦·密特朗馆注册后，凭着胸卡进门，经过柜台、旋转门、检索数据库，先乘坐令人眩晕的手动扶梯，感觉自己似乎下到了一座混凝土寺庙的最深处。我在那里查阅到了一个非常罕见的版本，这个版本是 1975 年由北京北堂印书馆（Les presses des Lazaristes de Pékin）印刷，书名是：《莫里斯·鲁瓦（勒内·莱斯），写给维克多·谢阁兰的信》，编号 79443。

这本中国风格的作品采用茶褐色的羊皮纸印刷，装在椭圆形的书匣中，由谜一般的"远西官员学院"（collège de mandanins d'Extrême-Occident）刊行。书的印数为八十一册，扉页上印有鲁瓦的一张照片。工作人员把书给我拿到了文学区的 W 厅，该厅的藏书主题为东方文学与艺术，位于图书馆底层，在四边形绿色封闭花园的拐角处。我拿到的这本是第九号样本。在某位谜一般的宋知县所作的序言后面，十二个字母排成梯形，幼稚又突兀。

但黎塞留馆（Richelieu）保存着**真正的**信件，它们被编入国家图书馆馆藏档案和手稿之中。在先后向馆长和管理员提出请求后，我终于收到了确认书："莫里斯·鲁瓦写给维克多·谢阁兰的信件已放至我们阅览室中央的文件柜，供您借阅……"11月的这个星期六，我似乎触摸到了你在历险和创作时激昂的内心。此时已经没有偶然，没有印证，只有一场穿越时间的约会。

经过一道一道的安检措施后，我拿到了一个很大的文件夹，里面装满了中国风的小信封，信封上有花纹图案作装饰。这些信封就像匣子一样窄，其中装着胭脂红色的轻薄纸张。纸上是莫里斯狂乱而跳跃的字迹，有些词被划去，还有几个墨点和涂改痕迹。信封上贴的是三张面值100分的茶色邮票或者一张面值为300分的大龙邮票，邮戳和邮票之间用粗体字写着你的地址，"7月14日路51号"。我坐在马萨林（Mazarine）厅的第50号座位上，用手机把信的内容拍下来，以便将某些段落放大细看。我把这些信一封一封地又读了一遍，品味着其中的甘甜。我小心翼翼地把它们拿起来摊放在阅读架上，然后把某些段落抄写在我的记事本上。我忘掉了一切。十几位研究员在那个大厅里工作，因此显得更加安静，我仿佛置身在天津。

第一封信的时间是 1911 年 4 月 16 日，开头是洪亮的称谓——"我的老朋友维克多"，最后以"老兄"结尾。鲁瓦："依旧有一堆事情要给你讲。但不能一次说完……我给你解释一下我的想法，类似于斯芬克斯之谜。"他明确表示："当我在第一页的左下角写一个 S，这就代表这是一封秘密信件。"O 代表"官方"信件，"在她眼皮底下写就"意味着他的母亲在他周围转来转去。信纸是西式的，文字纵向书写。

第二封信的信纸是从六国饭店的信笺簿上撕下来的，鲁瓦在那里买了摄影设备，并借用了那里的阅览室。他在信里讲述了他和皇太后在一个湖边散步的情景。皇太后为他献上"信笔所作"的诗，里面提到了比目鱼和林栖鸟。这位贵妇人回来的时候，鲁瓦做出了结论："我情不自禁地觉得，昨夜与我共度良宵的她就住在那里，在紫禁城里，被士兵和皇家守卫包围着，紫禁城外围还有御前侍卫在巡逻。皇宫既禁止汉族人，也禁止欧洲人出入，而我作为二十岁的小老师，可以通过乔装打扮混进去……"

之后事情的发展加快了速度：他从紫禁城里给你写信，汉字与缩写多了起来。红色或者白色信纸上用朱砂画了横线格，像洋葱的外皮一样薄，从左到右都被写得满满当当，然后对折再对折，才能被装进狭长的信封里。在第四封信中，他用蓝色墨水将字写得小到仿佛只有用显微镜才能看得清，为此他表示抱歉："你应该能猜到我在哪里，在这个地方，我手上没有其他东西，好不容易才托人从外面给我买了一瓶质量不太好的墨水。"在 10 月 17 日的第六封信中，他似乎在戏弄你，马马虎虎地说着故事情节：他只扔过去一只水桶，便在皇宫里挫败了一起谋杀案。在"货物箱和用绳子捆扎起来的包裹中间，一小缕烟从一个红点处冒出来"。

鲁瓦开始对你以"你"称呼，并且坦白了他的好几个地址。他害怕他的母亲得知真相——但哪个是真呢？当他不在宫里的时候，总在北京城里东躲西藏——这是害怕谁呢？ 11 月 11 日，危险迫近，他通知你："当我需要打电报的时候，我会去请求克拉尔代船长让我用你的密码，我会用 0000 作署名（当然在严重事情发生时才会这样）。"信中还摘抄了几小段报告以及政令，还写了一些有关某些太监或者官员的想法，这让人颇为费解。

就此，他被指派为"大内侍卫总管"，监视一个"戴着假辫子，使用假名字，伪装成中国人的日本人"；借此名义，他需要护送摄政王和皇后去参加各种仪式。之后他还需要押送武器，"我们平分通过这件差使得到的利益"。你在天津时就有所准备，就像任何一位自重的兰波主义者："尽一切可能不要引起别人注意。因为我们知道，革命者监视着军火商店的周边地区……去吧，我的老伙计，要迅速，尤其要谨慎。"鲁瓦补充道："概括一下，手枪的价格和数量（曼利夏和毛瑟手枪）、子弹的价格和数量，当然也是两种子弹，尤其要做到快速行动。"你作为拥护皇帝对抗革命者毒瘤的中间人，他得到明确的许诺："你为天朝所作的一切牺牲都会得到回报。"

信中还隐晦地讲到了与孩子有关的故事。皇太后和太妃这两个女人怀了他的孩子。一个"眼睛滚圆"的皮肤雪白的小女孩出生了。鲁瓦请求你为他提供医疗帮助，你同意了。最后，他被宫廷抛弃，东躲西藏，害怕遭到报复。你能确保皇族的安全吗？你不知道该怎么想。这位衣着讲究、样子可笑的青年可能把你当成了一个傻瓜？

第十二封信，即最后一封信，是用毛笔写的，时间为1911年12月。字迹更潦草了，三页纸都滴上了墨点，还让人以为这是一位字母主义者的作品：纸上横线印刷粗糙，但是间距还算整齐，他的字迹在上面上下浮动，就像波浪的颤动，有一些字简直跟图画一样。这封信以潇洒的离场作结："这几乎是我知道的所有重要的东西了……"真是绝妙的讽刺。

13

　　你想继续留在中国，鼠疫给了你所谓的机会。本来在南方任职的医生于 1912 年在哈尔滨去世，他也是布雷斯特人。你将接替他的岗位。你将前往位于北京东南的天津，然后前往山海关，在那里领导一支中国医疗队，尝试着通过沿长城拉一条健康防线来阻止这场疫情，"就像一位头戴鸭舌帽的道口看守员"！疫情将自动消失。

　　出于谨慎考虑，伊冯娜和伊冯没有离开北京，他们将晚些时候和你在天津会合。你不时在天津北洋医学堂用英语授课，直到 1913 年。你颇受爱戴，表现出色，得到很多好评，这种奉献足以配得上荣誉勋位勋章。你确实对中国表现出极大的热情，但你不信任那些想要在中国发家致富或者功成名就的同行。

　　天津离首都百余公里，也就是三小时的火车车程，然而你不怎么喜欢这座城市：中国味不足，被德国、俄国、比利时、意大利和英国大肆瓜分。天津享有治外法权，"如果不是离北京这么近，这座城市会很讨人厌"。西方国家的租界占地太多。北京有多"高贵"，这个国外建筑堆积的地方就有多"杂乱、可笑和丑陋"。一个河港，一座火车站，方形的街道上崭新的有轨电车在颠簸，"没有一处古迹"，却有巨大的仓库和无数的外交公使馆。在新罗马式的教堂和法国俱乐部之间，有一所大学和一座兵工厂，还有几个新教徒修会，在那里你感觉被自己窥视、被抓住，被困在了外国领土包围的土地上。一位领事（1906 至 1909 年间的领事是克洛岱尔），三百个法国人，还有企业和行政机构。弥漫着食品杂货店、金钱和瑞士某个州的味道。如果一个个省份接连发生暴乱，你会倾向于站在帝国这边，因为它的排场、它的神圣，也可以说因为它虚构的能力以及它的突出感。

"由于太固执，我一砖一瓦为自己建造了一座内心的凉亭，在那里，存在不会如此卑鄙。"你说，你已经意识到事情的走向会改变。你打量着这些革命者："没有辫子，穿着礼服，戴着礼帽，从欧洲和日本归国……"你的思虑带着美学色彩："他们减小了中国和我们之间的差异，不过你们知道唯有异国情调使我挂念。" 1912 年你对德彪西说："中国发生了可怕的暴动，但这瘟疫般的思潮不久前杀死了世界上最惊人的传奇之一：皇帝。"

你这位正统的尼采主义者认为 1789 年的道义已经"过时"。你对否认个人、为集体利益碾压个人命运的这种大众心理持怀疑态度。"多样性减少了，这是地球上的大危险。"你指出。因此，你重拾《天子》一书的创作，那时光绪帝的继位者溥仪已经只是一个假皇帝，接受西方国家教育，后来在压力之下逊位。这个傀儡遭到软禁，被禁足在紫禁城内长达十二年之久，与囚徒无异。你悲伤地给亨利·孟瑟龙写信："我得知一个大国的存在，当我开始去了解它时，却发觉这个国家已经不存在了……"

既然帝国已经没落，难道不该是时候离开了吗?

夏天，当你的妻子和儿子在海边纳凉时，你在北京和莫里斯见面，自由自在地在迷宫般的胡同和有假山溪流的花园里穿行……夜里，你们一起光顾茶楼、赌场和妓院。他睡在你保留下来的"陋室"中。他的激情继续像磁石般吸引着你。你坐在草席上吸鸦片。尽管怀疑无处不在，在两次烟瘾发作之间你依然会说："如果他否认自己的行为，即使这些行为是他杜撰出来的，也会使我百般失望……如果他无情地让我醒悟过来，那么他对我的欺骗就愈加冷酷无情。"

后来你在上海见到了他，那时他通过你和你朋友欧奈耶的关系在一家银行工作。由于厌倦了他的两面派，你说了些冷酷的话。天方夜谭的故事到此为止! 莫里斯失了宠。但你坚持你的写作。这位"0000先生"的红色信纸足以燃起你的想象力，像鞭炮一样噼啪作响，足以使你再一次去叩响紧闭的高门。我们在你之后……另外，在后来出版的《勒内·莱斯》一书中，因为不知该如何处置这个讨厌的家伙，于是叙述者任凭这个年轻人服毒自尽，他"睁大两只黑洞洞的眼睛"盯着他。后来，当这个年轻人"无伤"而亡时，他脱掉年轻人的衣服，欣赏他赤裸的上半身、他的大腿，"已经变凉的粗糙皮肤，很像中国人的皮肤那种微妙的触感"……看来莱斯这个人物因为某件事控告你，你要用剧毒让他"自杀"。"我活在那里，对他的死亡充满怀疑，就像一盏冒着烟的提灯。"

谢幕。

*

幸好被称作"小让"的让·拉蒂格在北京，是海军的见习译员。他也住进了你的临时住所中。他是你的朋友中最精通文学、要求最严格的人。他比你小八岁。你在波尔多与他结识，后来又在中国和他重逢。这是一个帅气的男孩。在1914年拍摄的一张照片里，他披着白色的肩巾，穿着骑兵靴，棕色的头发梳得很光滑，鼻梁高挺，瘦长的身躯在北京天坛的阶梯上伸展开来。他仰慕你，是因为你于他而言是一位勇敢的长辈，可以按照自己的意愿锻造自己的命运。安德烈·欧奈耶夫人，1915 年时她成了拉蒂格夫人，她是你女儿的教母，从一开始就在你的影响之下。她被某种说不上是什么的东西抓住，这种东西让你比其他人更引人注意。不管你愿意与否，你都是一个充满魅力的人。你身上有一种深邃且强烈的东西，能吸引目光，挑起兴趣，引起纷乱。

夜里你和他们一起吸鸦片；快速闪过的梦，窃窃私语，心醉神迷，闪现的灵感。你承认你喜欢这个有着"严重自私情感"的小让，他容忍不了任何延迟、任何过失，争吵和指正随时发生，而待在天津的伊冯娜在物资问题、肮脏的琐碎日常以及孩子的吵闹中挣扎。但你的妻子如此爱你，如此顺从，甚至接受了这种不平等关系，这与你信中的口吻形成了鲜明的反差。因为不管你在哪里，你都会一直给她写信，并且安排好一切，整体和细节，现在和未来，就像照顾一个孩子一样，并且你会向她倾诉你所有的疑惑和希望……并将累人的秘书工作托付给了她。当你在外辗转的时候，她和伊冯就会被交给你朋友"照看"，他们友爱相处，关系有时暧昧不清。

在此期间，《碑》集于 1912 年自费出版，你的第二个孩子安妮也出生了——就像奥古斯托的小说《驿边酒馆》中的女主人公。你似乎感到遗憾，你没有理由受到任何额外的羁绊。你玩世不恭地写道："我想让我的女儿成为快乐的女王，否则她就会成为一个男人的合法妻妾。"然而，是她，是安妮把你的作品从无人问津的状态中解救出来。安妮的女儿多米尼克在菲力浦·波斯戴尔（Philippe Postel）持续不懈的帮助下，使你的全部通信得以出版问世———共两卷，重达3.5千克！

1912年末，你被派去了南岳行宫，这是一座位于湖南省的行宫，距离北京十四小时的快车车程。你此次执行的任务得到了法国当局的支持，难道他们看到了其中的政治利益？你的任务是为中国新的掌权者袁世凯的儿子治病，他只相信欧洲医生。这个机会要抓住，尽管这与你的政治信念背道而驰——政治风向转变之后，这位临时总统加快了推翻溥仪皇帝的速度。但你逃过"所有纸板包装物、泥灰和劣质甜点"的同时，希望能利用这些人的支持来推进你个人的计划。你的计划很宏大：离开海军后，在北京或某一个租界开办一座艺术博物馆或创办汉学研究基金，然后穿越这个国家行走六千公里，去探索发现。你在写给德瓦赞的一封信中向他解释——你写给他的信件只留存下来了几封："我建议你忽略已经走过的路，去走出我们自己的路……"深入未了解之境，去地图上没有标示的地方奔驰。这不是旅行而是探险，是在现实中猛烈追击。

但你需要四处凑经费，需要在中国和法国找到支持者，在仙女和百子莲装饰的天花板的庇护之下……你收集了所有的意向书，并且向最重要的名人、部长和学者寻求帮助。在法国，你展开了一场游说之旅，你很有说服力并且热情而严谨，成功将听众收入囊中。"我们的旅行目标是 1914 年初从北京出发，斜线前进，最终抵达长江在西藏的未知发源地"。你在写给公共教育部部长的一封很详细的信中解释道。除了"极为重要，但未能着手的"考古工作之外，你自称带回了"沿河七百公里收集到的资料……这些资料对于法国进入越南北方地区向中国川藏地区深入探索具有重要意义"。1913 年 7 月，你把已经怀了罗南的妻子和两个孩子留在天津，独自乘火车穿过整个大陆，为的就是去巴黎把这份资料呈送高层领导。你将在五个月后返回中国，并肩负使命，领头进行第二次远征。"在这些美好的短途旅行之后，我们才有权在这些令人激动的记忆面前挺直腰板；因为曾经做过好的参与者，我们才可能做一名好的观众。" 1913 年 12 月，你向儒勒·德·戈蒂埃（Jules de Gaultier）详细解释着，"拒绝扮演自己的角色，就是最后的欺骗。"你的想法是："立足几个不同的计划，用不同的方法进行评估或做出回应。"但作为在马上飞驰的艺术家，对于你而言这样的时间所剩无几。

你预感到了吗？四年时间结束，你许诺重新上路，去发现更宜人的气候，比如波利尼西亚。你想探索的是高更的印记、他留下的关于光线和创作的告诫。塔希提岛还是希瓦瓦岛？为什么不带你的家人，还有情同手足的朋友拉蒂格和奥古斯托一起去呢，在那里买一艘帆船、十公顷荒田，在最后一次远行之后就地建一座家园？"再过两三年，我将先去巴黎，然后去热带地区，在那里过上一种少一些艰辛、少一些困苦、少一些清贫的生活。眼下生活并不快乐。"

　　十年前，你还是一名刚毕业的医生的时候，看到南海，你的身心都感到澎湃不已。在 1902 年拍摄的那张照片上，你看起来像初领圣体的人，头发鬈曲，饰剑挂在身体一侧，身着有深红色装饰物的深色礼服，淡白色的衣领上挂着的领章表明了你等级较高（"精英学子"），嘴唇正好被一撇胡须遮住。你在布雷斯特和波尔多完成了中学学业，勤勉认真，这之后，在海陆的另一边，泻湖里的结晶和一座座的小岛等着你花费大量时间探索发现，在金凤花下成为另一个人，让我们向后回溯……

14

"高兴得觉都没有睡好。" 1903 年，二十五岁的你经过海上的长途旅行，然后搭乘火车穿越美国，最后到达帕皮提（Papeete）。分派给你的职务？你在皇家拉迪朗斯（La Durance）号通信舰上工作，这艘舰在帕皮提抛锚，还"装载了货船"。鉴于有医护需求，而且你已经得到了授权，所以你也为平民看病，可以通过在乡村助产、治牙、做手术来贴补军饷。你名声斐然，州长都是你的顾客。尽管这座岛已经被"可怕地欧洲化"，有赛船、游行、游园会，但对你而言一切都美妙有趣。

你在"洒满阳光、安静、飘着香气"的停泊地租了一座家具齐全的度假小屋。和你的同伴一样，你也会有一个未婚妻，然后会有另一个，接着会有好几个，从塔希提人到混血儿，还有几个是移民女人，同时你还会贪婪地看着德国领事的漂亮女儿。你向留在法国的伙伴米涅尔（Mignard）吹嘘着波利尼西亚女人琥珀色的皮肤和温柔的性情，她们以面包树的水果为食，因为游泳而变得肌肉健硕，无与伦比。

　　你刚从处处受监视的生活环境（你母亲让你断掉了不当的社交关系，她在你初次吸鸦片时感到慌张）中抽身，从两个月的抑郁中走出来——那段时间里你几乎抛弃了一切，在圣弗朗西斯科染上的伤寒症也刚刚痊愈，此时的你大口咀嚼品味着岛上的生活。你说："在我的内心，这是一段美好的时光。"之后，你扬扬得意地说："比起在普卢加斯泰勒的时候，我游泳游得越来越好，再加上经常进行划船运动，我胳膊和上身的肌肉发达起来。"

　　3月，你骑着一匹装了"美拉尼西亚马鞍"的马环游了塔希提岛，一张照片将你的动作定格。照片里，你身着白色衬衣和裤子，一条腿向前踢，另一条伸进河里，置身在岩石和海芋之间。你看到"蓝色的山谷一直延伸"直到位于东南部的这座半岛，两边通过海峡连接在一起，这使得塔希提岛在地图上看起来像长了一对翅膀的蝴蝶。你对孟瑟龙这位好友说："我曾经告诉过你在热带地区很快乐。这千真万确……我感受到欢乐在我的肌肉中流淌……整座岛就像一位女子一样向我走来。"那些有着芒果般皮肤的女孩子在椰林和礁湖之间，你觉得她们有"年轻男子的品质"，也就是"青少年的美丽和苗条"。你总结道："我很自由，是处于恢复期的病人，精力十足，激情四射。"你贪婪地读着尼采的书，他同样使你着迷。应该把生活的重心放在生活中，永远不要把它放到生活之外，生活之外只有虚无，你的导师反复这样讲。在高更短暂的慈悲时刻里，他让你想起："阳台上，甜蜜的午休时刻，万物都在休息。我的眼睛看着但没能理解眼前的空间；我感觉到了以我为开端的无止境空间……"

但飓风横扫了土阿莫土（Tuamotou）群岛，这座群岛位于我生活的岛屿的东北部，这让你想起了自己作为医生的义务，想起了殖民地的现实。殖民地卫生条件差。欧洲人觉得最大限度地投资产生利益的同时带来了进步，但矛盾的是殖民队伍以及移民带来的疾病使得免疫力差的岛民大量死亡，天花、麻疹、肺结核，除了灾难之外还有酗酒和梅毒，麻风病频发，医生们已经尽力了。

更恶劣的是，由于过度的传教和强制措施，宗教礼制被践踏，异教之神消失了，再也不关这些残忍的偶像什么事，甚至文身都被废除。这是文明这台碾压机的车轮……即使在"以圣经作武装"的传教士团体中，商业机构和种植园已经推广，行政管理开始实施，并用帆船进行贸易。他们中有商人，也有公务员和征税人员，还有军队和警察为他们保驾护航。不管是新教徒还是天主教徒，他们都一字一句地强调，肉体不纯洁，人生来带有原罪，上帝的王国不是这俗世。只有在雷·德·古尔蒙（Remy de Gourmont）强调"基督教是制造悔恨的机器，因为这是一台降低灵活性、抑制生命本能反应的机器"时，你才同意他的观点……简而言之，就是压抑对生活满怀的欲望。在现代性和伦理道德、病毒和金钱的枷锁之下，群岛变成了苦涩的滑稽剧。税收、徭役、强制参军，甚至是荒地也被划分成了行政区！再没有一点热带天堂的样子，在"文明的作品"之下，反而成了一出专区发展的喜剧……

你搬了家，前往"离水面三米"的地方去住。你身边有女顾客、女同事、女病人，还有爱笑、喜欢得到抚摸的女邻居，她们很容易委身他人——年轻、白皙、身份显要、有教养、军人，这些都是你的强项。如果需要的话，你会去借自行车和马匹，而且确实有这样的需要。物资丰富的国家会自己提供这些东西，你因此受益。你顺着塔希提岛的小路走，享受"陆地上的美好生活"——即使"文明对于美好的毛利人而言是一种灾难"。你来到这里一个月后，就已经有了写第一本书的想法，这本书就是《远古人》。这是一种报复，一种反抗。这本书是半散文诗半小说体，你在书中通过泰利（Terii）这个人物展示了毛利民族，以及他们的思想与习俗。泰利是一名族谱传承学徒，他踩在了口述者之石上，口述者之石在族谱背诵中具有基石的地位。在一个有着口述传统的民族，这种错误是不可原谅的，更糟的是，它还是分裂人和宇宙的东西。不能再和过去相通，不再知道"最初的历史以及那些不该消失的功勋"，不再记得在大海上为大型独木舟指路的星河，就像部落和首领的后代被流放，这是记忆中的不幸空洞。传教士和他们的耶稣将堕入何等深渊呢。

与《洛蒂的婚礼》(*Mariage de Loti*)这本19世纪80年代的畅销书相反，这本书讲述了一位军官和一个女人之间的爱情。这段爱情传遍了各个省份，令人痴狂，它是"以前的塔希提岛"的写照，是对性自由、肉体欢愉、生命冲动的颂歌。为此，你积累了一座"了不起的图书馆"，你要研究所有你能得到的书，从而奠定人种学的基础。确定无疑，高更在海上漂泊一周，逃往马克萨斯群岛去找寻雕刻家和未遭破坏的艺术之后，你也发现"这个种族行将消失"。所以一切都会被规范抹平吗？即使你没有被波利尼西亚社会欺骗，不是任由别人控制的罪人，你还是会重拾你的论点：通过你小说中的人物泰利，你揭示的是过去和现在的断裂，以及多样性堕入贫乏。这也是要与所有羁绊、压抑、冻结、破坏对抗到底的宣誓。

*

在甘比尔群岛（Gambier），1903年2月和12月在拉迪朗斯号通信舰上进行的一次医疗宣传中，你发现了殖民世界的歪曲形象中最难以置信的一面，尤其是奥诺雷·拉瓦尔（Honoré Laval）和弗朗索瓦·卡莱（François Caret）这两位牧师。

我独自一人去过那里。这座袖珍群岛坐落在塔希提群岛东部七百公里的地方——正好在皮特凯恩群岛（Pitcairn）前方，对于"邦蒂号"（Bounty）的叛变者而言珍贵至极——，从儿时起我就对这座岛很熟悉。20 世纪 60 年代中期，我的父亲作为军队的工程师参与托特奇吉（Totegegie）机场的建设，托特奇吉是曼加瑞瓦岛（Mangareva）周边的一座珊瑚礁岛。那时我们住在帕皮提。星期天，我们会待在位于皮拉尔（Pirae）区的房子里研究爸爸带回来的柯达克罗姆胶卷：车轮巨大的铲土拖拉机和推土机，直射在石珊瑚上的阳光以及苍白的沙滩，在空中飘动的国旗，还有穿着运动短裤、汗流浃背、皮肤被太阳灼伤、在机械的嘈杂声中向挖土军团大声下达命令的爸爸。

我们在上面提到的机场降落，然后乘坐捕鲸小艇穿过礁湖，来到曼加瑞瓦岛的主岛上。"总算来到了不是前线的土地上。" 2 月 21 日，你在这座海拔较高的岛上写道。在这座岛上可以眺望前面提到的珊瑚礁岛。这座岛位于更南部，由于地处信风区，气候温和，雨量丰富，总是投射出其高大"城堡"的倒影，即达夫山（Duff，441米）和莫库图山（Mokoto，423米）。经过土阿莫土群岛的平坦地形之后，这两座像是用解剖刀切割出来的火山岛给我们带来了视觉冲击。那时我们只迫不及待做一件事：穿过前陆森林，爬到石头的一侧，站到闪光的山顶，手里拿着双筒望远镜，把这座群岛尽收眼底：黑色和绿色的岛像是串成一串短念珠，被小岛和岛礁簇拥着。岛上的居民只有一千五百人。太平洋三百六十度地将它的波涛推向我们眼前。

首都瑞提塔阿（Rikitéa）紧邻不算宽阔的海岸线，呈圆弧形延伸。番石榴树间，屋顶可以抵抗飓风的房子不过百来栋，旁边还有几处水泥砖建筑物、几座厂棚和院落，还有一个警察办公处。城里共有六家食品杂货店、一家诊所、一个气象站、一些平房、几座别墅、一座教堂。没有酒店，只有三家民宿。除了玛丽快餐店和原子披萨店之外，没有其他饭店。这座披萨店的名字是参照西边的穆鲁罗阿（Mururoa）环礁岛起的，因为太平洋试验中心坚持在那里进行核试验……

在甘比尔群岛，基本所有的东西都要从塔希提进口：从屋架大梁到柴油桶，从冷冻肉到蔬菜，从VHS制式录像带到卫生纸。每个月有两艘货船送货，供应生活必需品。其他时间每人都得靠自己的花园、荔枝树、摩托艇和珍珠色的钓鱼线来自行解决需求。这给被荆棘丛林划出道道痕迹的山谷制造出一种"南极"的氛围。我们开着四驱车在唯一一条坑坑洼洼的路上穿行，但这条路不完全是环形的。在任何时候，除了海上传来持续的轻微颤音外，四周唯有一片静寂。

——帕皮提呢？对于我们而言，那里是地狱，我在那里居住期间，租给我摩托车的那位曼加瑞瓦人向我解释道。除了炎热之外，那里有汽车、交通灯、环岛、电影院，还有太多的商店。在那里待一个星期我们都受不了：我们会把缆绳扯断。

虽然那些优秀的传教士疯狂地想消灭当地人习以为常的偶像，包括从"姜黄之神（Rao）"，到"和平之神（Rongo）"，再到勃起的男性生殖器图腾，但是他们被一种狂热的建设欲望抓住。他们的初衷无可厚非：不要让曼加瑞瓦人受到殖民团体的不良影响——航行在南美洲之路上的殖民团体，曾经在港湾停泊休息。传教士们通过劳动、纪律和信仰教育他们，保护他们免遭俗世的荼毒：酗酒、乱性、轻浮。这些都是魔鬼的行径。

但是从 1834 至 1871 年间，在一种故步自封的神权统治下，神父们最终都成了独裁暴君，控制每个人的日常生活，争着去惩罚和流放民众。他们实施了强制性的劳役，将民众派往远处用珊瑚建筑房屋：佩里戈尔德式的瓦房、教堂、教士住宅，以及学校、修道院、织布厂、面包烤炉房、鸽棚，这座并不需要这么多建筑的小岛渐渐被这些建筑覆盖起来。除此之外，还有一座监狱、几座监视塔、两条凯旋桥拱式的柱廊……另外，为了锦上添花，还专门为战胜魔鬼的至尊天使圣米歇尔建造了一座教堂。这是一座很大的教堂，长五十四米，宽十八米，装饰了墙角塔，里面有一座铺了珍珠的祭台，中殿摆着一排排锃亮的长椅，可供两千名虔诚的基督徒坐下来合唱圣诗……那时候的人口远没有这么多。

曼加瑞瓦被分为几个教区，于是其他教堂也纷纷建成，比如圣安妮教堂和圣阿加特教堂。为了把这些建筑连通起来，为了使帝国的大路都通向大教堂，人们修建了许多小路并用珊瑚石铺砌。一种停不下来的狂热——今天依然如此——远远超出了建立功勋应有的度，令参观者瞠目结舌。这是天才还是邪恶？这些善良的教父难道不是因为过度保护曼加瑞瓦人而失去了他们吗？维克多，你对米涅尔说这是一种"宗教裁判所式的专制"。

附属的岛屿同样有建筑任务：对面的阿卡马鲁岛（Akamaru）上建造了和平圣母院（1835），这是沙特尔大教堂的一个小型复制品；奥凯纳岛（Aukena）上建造了漂亮的圣拉斐尔教堂（1839）。你画下了其中一个：一座没有房顶的建筑面向大海，钟楼挂在空中，右边的一棵椰子树被信风吹拂着。这是哪一座教堂呢？

1904 年 12 月，在两次会诊之间，你"骑着一匹健壮但脚有些内向的智利半野马"爬到了达夫山（Duff）的周围 〔你把这里比作我们布列塔尼的梅内奥姆山（Menez-Hom）〕，然后又走到了大教堂前广场的台阶上。但植物繁茂的岛上显得冷冰冰，有太多的束缚，太过死气沉沉。居民不过两百人。上一次你的船带来了有传染性的麻疹！这超出了小岛能承受的极限！但宗教是另一种病毒，你说。当你走在空无一人，种满了充满活力的植物和随风摇动的棕榈树的"墓葬村"时，一位法国教士对你说：

"你在找最后一位不信教的人吗？"

你尖刻地回答道：

"是的，但很遗憾我不能让他复活……"

在位于北海岸一个名叫塔库（Taku）的小村庄，村长马努（Manu）为我打开了圣约瑟夫教堂的中殿。在国王马普特阿（Maputeoa）的拙劣肖像画下，依然能听到应该背诵的祷词："之前，我们是被抛弃的鸟……"而这些传教士都是这位国王的傀儡。你们听曾向教民许诺要给他们基督天堂的教士们专制的话语。在此期间，前方，墓穴在红花和树干发出的绿色嫩叶间风化，墓石被掘出，矮墙塌陷。草木津津有味地咀嚼着这一切。

我把我的行囊放在了岛的另一侧，一家叫作马洛伊

（Maro'i）的民宿，租了一辆上了年头的雅马哈摩托车，这已经是我第三次在瑞提塔阿得到一位很有魅力的老先生的接待，他叫雅克·索维奇（Jacques Sauvage）。他为法安银行效劳，于1954年定居于此。他爱上了这里，借机已经成为一名教师……他身材矮小，有些驼背，头发染过色，干瘦，但依然很有生命力。我们在他的草坪前面抽着他的万宝路香烟。我用塑料袋带来了几听啤酒。他喜欢浓缩的黑咖啡。他同样会给我看他的胶片相片、他的活页笔记本，还有因受潮而发霉的大文件夹，五十年来他在里面记录了他移居到这座岛屿后度过的快乐日子以及经历过的不测风云。他的看护人是一位曼加瑞瓦本地人，她待在我们后面，在游廊里绣着复杂的桌布。我的东道主当然对谢阁兰这个名字略知一二。他从未读过你的作品吗？但我觉得他把你和航海家阿兰·杰尔波（Alain Gerbault）混淆了，因为时间太过久远了。

"当我的粉笔用完了，而货轮又还没有来的时候，这种情况会持续六个月之久，我们就会用海胆的刺在学校的黑板上写字……"老先生说道，"那时候还没有机场……"

"当有紧急的医疗需求时，人们会使用帕皮提的那架水上飞机。但我从来没有见过。我们更喜欢直接跳上一艘摆渡船去塔希提医院。这要取决于海上的情况，有时候我们抬下船的是尸体……"他补充道。

"从来没想过回法国吗？"我问。

"我的生活就在这儿。我认识所有的人。他们都是我教过的学生。"

事实上，当我询问索维奇先生、塔库的村长或者在山里种橙树的法国人时，我感觉自己是在模仿你，维克多，边问边在笔记本上记下大量笔记，画下草图。这次换我来"追寻古老的事物，收集小村庄的轶事。然后，有些疲倦的时候，我会忍着山坡上的闷热，在海边的树荫下散步或者胡思乱想很长时间，山坡上有一群筑巢的胡蜂在缝隙中嗡嗡作响。礁湖一点都不深，但山却如此陡峭。寂静像是在所有东西的表面涂上了一层非同寻常的漆，直到我摩托车的噪声将其打碎。

去参观一个种植珍珠的农场？为什么不呢？这是个解闷的好机会，也可以好好在岛上转一转。在第一个拐弯处，一群山羊在山坡间跑来跑去。在我前面，一对雪白的鸟为我让路……去到高处的观景台上时，天突然下起了大雨，下了足足十分钟，然后骤停下来，水帘被切断。被冲刷过的天空重新变得干净，几近坚硬。五六个中国人被雇佣来做种植珍珠的活计，她们是来自广东的姐妹以及表姐妹，在几把胡乱撑起的阳伞下嬉笑着。一只形态有些模糊的狗经过，面带愠色，除非这是一只猪——角落的一隅之地被它填得满满的。

星期天早晨，小伙子们肩上扛着枪出发去打猎。我重新回到低处，在红色的拐角处，透过树的缝隙看到曼加瑞瓦的大礁湖闪耀着光芒，先是乳灰色、墨绿色，然后是青蓝色，闪着银色的波点，这是它永恒的色彩。更低处，飞机场苍白的撞痕在海浪的卷边之间被炙烤着……

小船在等着把我带到对面的岛上。为什么不直接去卡马卡岛（Kamaka）呢？那里有一位靠水果和山泉水为生的独居者。在那里，时间轻而易举地被延长，单调极了，直到夜幕降临，一切戛然而止。在石油发电机的隆隆声中，初来乍到的电灯和回光灯在芒果树间闪动着。伴着傍晚淡紫色天幕下的温热，岛民们要去球场附近的"船篷中"呷一口啤酒，我会和他们一起。

我和你一样，第二天早晨，在热浪来临之前，会到达达夫山城墙脚下的罗鲁（Rouru）修道院遗址处。那里长着木槿、九重葛，还有残存的瓦砾。在凯旋门后面，有三四座相邻的建筑，光秃秃的，没有房顶，多少都有些坍塌，这是充满活力的传教士留下的痕迹。大苍蝇，小飞蚊。从植物轻微的晃动中飘来使人头晕的花香。在其中一座倒塌程度不严重的建筑深处，有一座彩绘仿大理石的圣约瑟夫雕像，颈部戴着树叶项链，端坐在石头上，一副伪装的伏都教神情，仿佛在等我……他面前摆着一个塑料盘子，盘子里放着一根绿色的香蕉、一支烟、一张脏乎乎的西非法郎货币。直到墙洞中射进来一束光将它像麦秆火把一样点燃。是谁来此祈祷，并且捐了钱呢？

维克多，你曾从这里经过，在我面前，在"裂开的墙面上"，在"从永恒和死亡的石板路面上猛然出现的茁壮树干"之间停留了片刻。你在遗址中转来转去，在已经被蚂蚁占领的温热的坍塌物中，重新数过了尖形拱肋和拱腹的数量，你记下："一切都沉沉地死去，除了植物还充满元气，使珊瑚石露了出来……"

顶着31℃的高温，换我来到这里，在这个被抛弃、仿佛依然受到诅咒的热带教区的熔岩石广场上游荡。如果你在高大的树木间出现，肩头背着药箱，身边伴着两名当地的护士，我可能只是说一句："你好，谢阁兰医生。"你和我都不会对甘比尔群岛的气氛感到惊讶，这里一切都在颤动、扩大、升高。

15

　　然后是伟大高更的爆炸……你说:"我一知道塔希提岛的名字就出发去了那里。"在那里,有人给你描述一个染了粉红色头发的疯子。是谁跟你说起过他呢?可能是雷米·德·古尔蒙和圣波勒·卢,圣波勒·卢是他在1891年告别宴上的宾客,而且圣波勒·卢鼓励你去见高更。宾客中还有那位少校军医,你的布雷斯特"老板",他于1897年得到了高更的一幅油画,成为了这幅画幸运的拥有者。因此,一切都把你推向这位重要的过路人。

　　1903年1月到达塔希提后,你本来有几个月的时间去见他,但由于巡回出诊,两个群岛之间距离较远,海上间隔长达一千五百公里,加之我们背井离乡的画家身体状况堪忧,他甚至未能回到帕皮提岛上,这一切阻挡了和他见面的可能性。遗憾的是,高更于5月8日去世。

　　这个消息一直传到了帕皮提岛。6月,你从努美阿

（Nouméa）执行任务回来后才听说。那时拉迪朗斯号正在附近海域赶路。8月3日，在马克萨斯群岛的主要岛屿努库希瓦岛（Nuku Hiva）上，你收到了一箱信件、证件、笔记和手稿。你重新誊写了一些段落，高更在其中引用了瓦格纳和爱伦·坡的话。他谈论宗教、绘画，以及"用黄色和紫色可以调出橙色和蓝色，这是它们的衍生色"。

8月10日，你经过"虔诚的"长途跋涉，终于来到了他在希瓦瓦岛的家，希瓦瓦岛也叫"半月岛"。

行政部门正在盘点死者的清单，他可是"给他们带来了不少麻烦"。一位艺术家？可能吧，更是一个古怪的人。病恹恹，喜欢吵架，官司不断，警察讨厌他，主教大人马丁诋毁他。"可怜的高更先生可怜地死去了……"马克萨斯群岛的岛民们似乎勉强接受他，他们盲目地追随他，与此同时却又很奸诈，即使他在神甫、教师、行政官员和税务官员面前竭力替他们打抱不平。在阿图奥纳（Atuona）村，在火山口坍塌形成的这个马蹄铁形的山谷脚下，你收集到了独居的新教徒、牧民维尼尔（Vernier）和允许赊账的商人本·瓦尔尼（Ben Varney）的回忆。之后你又听了三个人讲述他们的回忆，这三个人分别是名叫提欧卡（Tioka）的朋友，他是马萨克斯群岛人；"神童"齐东（Ky Dong），他是一个政治流亡者；还有反殖民主义者安娜米特（Annamite），她之前是一名护士。确定无疑，这个高更是让人难以置信的，极有活力，同样充满仇恨。"我有一个目标，而且会一直追求这个目标……"，用力推开这种"杀手文明"。极端的自由主义者，疯狂且花天酒地，自私。他比你更早地悲叹女孩儿们反复唱圣歌，警察让人害怕，有着黑眼圈的人眼里不再有偶像，人们用棉衬衣把文身藏起来，这里每个人都可以是欺骗他的，"忠诚还是背信弃义"，完全根据场合和利益来定……1901年他画了十四幅作品，1902年画了二十四幅，1903年画了六幅。你是一只在一群嘴硬的鸭子中间受了伤的信天翁！

在他那"欢愉之屋"中，好几幅画依然被钉在隔墙上。"在这里，诗意会自动散发出来，只需要放任自己去做梦，然后通过绘画将梦境表现出来。"高更在来到阿图奥纳村的前几个月中写道。其他的画作都堆在一起，有一些装了画框，其中两幅是雪景，尤其是那座挤作一团、烟雾缭绕的布列塔尼村庄，正是它把你打发去了菲尼斯泰尔——在高更去世前的那个月，他寄了一个包裹去巴黎，包裹里有十四幅绘画和一些单版画。7月20日，他为了还债，在当地变卖了一些画具和材料，此后，除了这些东西之外，他的家当所剩无几……5月8日上午11时，高更因"酗酒变得浑身无力"，大量吸食吗啡，从床板上掉了下来，滚到了木地板上。他惨遭行政官员和神职人员折磨，卷入复杂的官司中，因放纵而日渐憔悴，他的作品也没能得到应有的地位，也就是第一的位置。按照习俗，为了确保他已离世，提欧卡在他头顶上咬了一口，并且宣称："现在，人已经走了。"

第二天，人们把他埋葬在了山里，还把注射器、药瓶、淫秽的画和剩下的颜料扔到了他的坟坑里。他就是用这些颜料画出了头发铺在粉色沙滩上、想入非非的姑娘，那只长着与披着斗篷的巫师一样的脚的狐狸狗，还有头发垂在花园里、让人神魂颠倒的塔霍陶瓦（Tohotaua）①。"他非常喜欢女人，总是坐在她们中间抚摸她们。"一位见证人这样说。他有享受一切的权利，也有敢于去做的权利！

维克多，对你而言，这是第一次震撼。你感受到了审美的启发和手足之情，当你回到欧洲后，这种感受愈发强烈坚定。还有这些生动的陶瓷制品：女人-猫、头颅-花瓶、罐子-蛇、树-脸……"可以说在看到和理解高更的作品草图之前，关于这个国家和毛利人，我一无所知。"你这样解释。他是"真正的艺术家，真正的流浪者，孤独的流浪者"。你意识到了他的自由、他魂牵梦萦的想法、他的力量，还有他付出的代价。"首先是觉悟，其次是某些人的认可，再次是理解我

---

① 高更的女模特。

154

的贵族：除此之外别无他求"——这就是高更想要的，其中体现了行动。他像"怪物"一样，牺牲掉一切，抛妻弃子，放弃自己的工作、声誉和朋友，不远万里从欧洲来此。1883年，也就是他三十五岁时，他已经大声喊出："从今以后，我每天都用来画画。"从此再没回头。

他剃了光头，头上有道伤疤，脏兮兮的裹腰布下面什么都没穿，吃生鱼肉、椰子、罐头咸牛肉，喝红酒……一个孤独、智慧、动辄生气打架的高更。但在这里，这个遥远的地方已经打磨掉了他的傲慢，他瘸得越来越厉害，开始拄拐杖。他的王国：这种壮丽的孤独，崎岖的景色，黑色和绿色。在他的花园里，有一尊"可能来自毛利人国度的佛"的雕像。他的"欢愉之屋"，既是工作室，也是藏身之所，还是食品储藏室：长十三米，宽六米，是一座当地风格的房子。在底层有一个餐厅、一个雕塑工作室和一个小车库。楼上是用拼图游戏和回飞镖作装饰的房间，里面放着画架，还有一个音乐角。用椰子木做成的隔墙上挂着临摹德加、荷尔拜因、拉斐尔和马奈的画作，还有几幅日本版画、四十五幅图片，其中某些色情画是从塞得港（Port-Saïd）买来的。从外面可以看到棕榈木的房顶、木桩、油亮的树叶。在三角楣处，断层泥下面有一块粗糙的、刻着字的木头，上面写着一些达观的座右铭："保持神秘"，"满怀爱意，你就会快乐。"还有一口井和一个镶嵌了鹅卵石的小浴池。所有这一切都掩藏在一排排树木和竹子后面。

每一天，在这个"流氓""色鬼"家都有招待会，喝的是他托人从塔希提岛成桶成桶运来的朗姆酒和波尔多葡萄酒。他骨子里是无政府主义者，厌恶官员，他想要这种"野蛮地违背意愿"。有几个女孩儿，年轻，爱赌气，她们被这个外国人吊起胃口，他嘲笑上帝，他是白人，不工作，只是画画，像孩子一样涂着颜色，雕刻一些有的惹人笑有的让人怕的生物。高更会送给她们一些衣料、棉布、红酒，有时候还送一台胜家牌的缝纫机。他爱抚着这些很快便轻易并痛快委身于他的女孩儿。有机会的时候，有些女孩会接受给他做模特，赤裸着上身，戴着兰花花环和闪闪发亮的皇冠，稚嫩嘲弄的脸庞在飘着尘埃的饱和空气中笑着。玛丽-罗斯（Marie-Rose）为他生了一个女儿。

狂欢一结束，宾客们便离场，老水手留下来在面包树下演奏风琴，夜晚守候着从塔希提岛来的邮船，这艘船带来沃拉尔（Vollard）画廊的补助金和拉菲特（Laffite）街的消息，只有他一人为这些感到充盈。在那里，那时的雨跟现在的雨一样，下得很大。雨水敲打着地面，发出回响，屋子在漏水，变成了一条船。芒果树和咆哮的海浪一样让人担心。

这是不是到了"突帕包"（tupapa'u）① 黏人的时刻，这些幽灵会把迷路的人吃到连骨头都不剩？他是不是到了该拔腿就跑的时刻，他仍然充满激情，即便已经如此沧桑，被日日夜夜的杂事撕扯着？海浪反复咆哮着。乘船的话，六天可以到达塔希提岛，六十三天可以到达马赛⋯⋯巴黎，太远了！

他在布列塔尼和马提尼克的门徒没有一个跟随他，因为太远，太困难，这些该死的背信弃义的家伙！他在巴黎的买主贪婪至极，背着他拿他的画作大笔地赚钱⋯⋯那么为什么不完成《此前此后》（*Avant et après*）这本书的手稿，好在写作方面大获成功呢？可他的视力减退，而辛酸和烦恼在增加。心脏衰弱、梅毒后遗症、湿疹、骨折后没有接好的踝骨因长期处在热带潮湿的环境中而变形。他甚至不到五十五岁，就经历着失明、残疾的痛苦，待在岛上受尽折磨。在他还看得见的时候，却没有得到理解和信任。烦恼不断累积，各种争吵，汇票受阻，信件被虫蛀。一切都变成冷漠、不安、憎恨。高更在当地被判诽谤罪。离开还是留下呢？

经过不断地再创作和修改，他笔下的波利尼西亚最终变得不那么像对一个真实国家的摹画，而更像是对内心梦境的追寻——想象占了现实的上风。除了幻想和对逝去之物的悲

---

① 传说中的鬼怪或幽灵，是塔希提岛当地土著如影随形的生命意念之一。

叹之外，还能做什么？实际上，没有什么地方能比塔希提更能让高更找到他所追求的东西：原始力量带来的震撼、安静的明朗、神圣事物的脆弱之处。他在这一地区内追捕的东西几乎不存在了。除了普阿冒（Puamau）河谷罕见的几处遗址之外，再没有其他雕塑艺术——他将再也看不到了，距离太远，天气太热，他的腿也把他束缚住——手工艺濒临失传，信仰命悬一线，文身变成了装饰。记忆被遗弃，人口大量死亡，人们处于绝望之中，仅仅三千人活了下来……如果他在穿长袍的传教士和穿白色棉质衣服的殖民者中间碰到几个上了年纪、穿着暗色条纹衣服的马克萨斯群岛人，或者抚摸到了一个按几何原理切割的紫荆盘子，那纯属巧合。直到他在他的日记《馥郁芬芳》（*Noa-Noa*）中借他心爱的美丽女孩蒂呼拉（Tehura）之口背书似的说出一种传统，因为陈述对这个没头脑的少女来说有难度。那么这些从蕨类植物中发掘出来的带花纹的石雕像会在哪儿呢？它们双拳紧握，嘴巴紧闭保守着秘密。还有那些骨制品、鲨鱼牙制品、月牙眼睛状的拼图、独木舟形的石棺呢？高更将像从海难中挽救它们一样，对它们进行重新诠释。在巫师模糊的记忆中，"禁忌"石上有一些痕迹……还有吗哪（mana）①，谁又还保留着一点

_____

① 一种非凡的与超自然的力量。

158

吗哪呢，是第一次涨潮吗？

"从我在马克萨斯群岛阿图奥纳村的窗户里看，一切都变得模糊。"高更解释说，他在"与愚昧之人的"对抗中受了伤。他明确地说："我在马克萨斯群岛过的是一个止步不前的孤独者的生活，像个残疾，全身心投入自己的艺术创作……"但当他把自己的梦想交叠到现实中，他就要对他所缺失的、他在现实中找不到的东西进行再创作，从而让他内心的梦想自由绽放。最后绘就的是一个因想象变得伟大、得到蜕变的波利尼西亚，比现实更真实，并替代了现实。

回到欧洲，去西班牙如何？不，那将打碎他的传奇。一直在法国尽心尽力帮这位背井离乡之人打理各种事务的是一位叫蒙弗雷的朋友，蒙弗雷劝阻他说："你就是那位传奇的艺术家。"回去就是放弃。他应该待在那里，做一个通灵者，远离那些小圈子以及巴黎报刊，锤炼自己的"眼光"。维克多，这对你而言是威严的一课。即便就像高更的一位传记作家分析的那样，"高更讲述了他生活之外的另一种生活；他描绘的是这种生活，也是这种生活成就了他的绘画"。

他说："在这里，诗意独自迸发出来，只需要通过绘画让自己沉浸在梦幻中。"《自画像：临近受难地》（*Autoportrait au Golgotha*）就是他的最后几幅作品之一……"不应该向大家建议孤独，因为只有足够强大才能支撑起孤独，并且单独

159

行动。"沉沦的高更这样承认。他生命最后的时刻充满绝望。

在大西洋的半岛上，圣波勒·卢鼓励你把高更这些最后的时刻讲述出来。"不要让赋予创造力的时光悄然流逝。时间一去不复返。因此，投入创作吧！"这是 1904 年 6 月水星出版社出版的《高更在他最后的布景里》（*Gauguin dans son dernier décor*）的一句话。你后来写了《远古人》（1907），在同蒙弗雷谈到这本书时，你承认说："我曾试着按照高更观察塔希提人然后把他们画下来的方式去描写塔希提人，描写他们本身的样子，从内及外……"最后，你断断续续地尝试创作一本"高更小说"，直至 1916 年，小说名叫《欢乐之主》（*Le Maître du jouir*）。

*

此后，有名的高更故居对于从阿拉努伊（Aranui）号游轮上下来的游客而言充满吸引力，正如雅克·布雷尔（Jacques Brel）停在那里的飞机。飞机傻傻地停在车库里面的一块石基上，机翼悬在距离地面一米的地方。海滨的两座酒店留住了那些因耽搁时间而没有离开的人，他们好奇而纯朴。我也是其中一员，十五年前，在哈那基（Hanakee）岛上，我用脚步丈量着"铺满石子，长满灌木"的半河谷，在河谷之上，在一座高耸入云的缺口山之下，长着一片密密麻麻的椰子树。这条占地半公顷，流向暗沉大海的河谷，后来被推土机疏通开来，灌木丛得以清理。那里有一个高更中心，那是一套嵌入的格子，简易而简朴。当然，这个地方是用来展示一些东西的，至少要展览一些复制品……我没有在那里待很长时间，我更喜欢去围着那口井转一转，一些虔诚的人把高更的很多东西扔在了里面。我捏起了一小撮土，这是他的土，他的红土地，血红的颜色，就像药袋里的一包血浆，用于过去也用于将来。

　　由于阿图奥纳村只比一块袖珍手帕大一点，我很快就遇到了岛上的村长，他是高更的朋友、商人弗雷博尔（Frébault）的后代，以及在角落里闲逛的考古队长皮埃尔·奥蒂诺-加朗热（Pierre Ottino-Garanger），此人高效又谨慎。我和他一起走到了普阿冒的祭台①。祭台在暑热的炙烤下被苍蝇亲吻着，水果、树叶和树根散发出让人难以忍受的味道。这两座古老的祭台占地近两公顷，有些地方被修缮过，八尊玄武岩或者凝灰岩雕刻成的提基神像立在红色的土地上，眼睛睁得很大，嘴唇被蛀蚀，像是准备好了要发出冷笑，要跳起来一样。其中三尊遭到了破坏，但最高的那

---

① 原文为 marae，用珊瑚块建造的用于某种古老仪式的平台。

尊耸立着，以它两米六的身高打量着你。当然，所有的神像都向游客发出嘲笑。其中一尊下唇突出、鼻孔朝上，在它脚下有几座岩刻：两只发疯或者发怒的狗正向别处跑去。

维克多，你有一句谈论高更的文字："他是古老信仰的最后一位支持者。"直到 1897 年，这个地方才被一个德国人修复成原来的样子，甚至在高更所处的时代，几乎没有哪个马克萨斯群岛人可以解释这条河谷的历史，而且这是禁忌，是不祥之事。总之，即使身处所谓的野蛮之中，高更也品味着这种"蛮族的奢华"，两耳不闻窗外事，只听从自己内心的声音，全身心投入到难以应付的作品中。他就像一个难以填满的黑洞，贪婪地吞噬着素材、形状和色彩。他按照自己的意愿把现实折叠又展开，因这种无所不敢的权利而变得强大。他"通过绘画让自己沉浸在梦幻中"，有着梦游之人和开天眼之人的预知力。

自从他们居于此，风景几乎没有变过：一片紫色、沉重的山顶，滑坡的泥土。空气中透着不可触知的紧张感，被啃噬又坚持活着的植被，一条条像铡刀砍成的河谷几乎无法抵达。如果不是经过数小时的长途跋涉，每一条河谷都能构成一个独立的世界、一个部落、一个陆岛。到处充盈着风的气息，有什么东西在颤动或者平翘舌不分地说着什么，还有闷热中刺耳的声音。马在茂盛的草地上吃草，就像在甘比尔群岛上。这种高傲又缓慢的宁静包容着一切，同时忍受着那些圆润的噪声⋯⋯

我照着你的样子走过蜿蜒的路，来到阶梯状的墓园里，去高更的墓前默哀，汗湿的衬衣贴在身上。他的一位仰慕者在钻了孔的红色石板上放了一串贝壳项链。我在他之后又放上了从鸡蛋花丛中摘来的三朵花。

那位叫提欧卡的朋友原来住的房子就在阿图奥纳村，兄弟们上学的学校也在此。北边崎岖不平的山峰侧面有瀑布留下的纹路，这面山坡同样也薄雾缭绕。在南边，一簇惊愕的椰子树后面，有八栋七扭八歪的破房子，还有瓦尔尼食品杂货铺，那里贩卖成箱的希那诺啤酒、成桶的洗衣粉和盒装的雅乐思糖。然后，经过博物馆、两侧有水泥码头的黑沙滩，来到了咆哮的海洋面前。有六艘捕鲸小艇和六艘小船在海上舞动。

但还不是太晚。相反，一切又重新开始。"我把一切都整理，分类，记下笔记，以方便想看的人参考⋯⋯我置身殖民地，装成其绝不让步的保卫者，紧密地搜集着关于他的资料。"然后，在牧师韦尼耶（Vernier）家中，一位马克萨斯群岛的老太太向你讲述了部落的朝代、征战和殖民的历史，她手里拿着绳编念珠，仿佛那是她的备忘录。这是《远古人》这本书真正的开头。

163

1903 年 9 月 2 日，你再次在帕皮提参加拍卖，买走了幸存的十幅油画中的七幅，以及用于圣波勒·卢庄园的木制品。是你用区区几法郎抢走了照片、雕刻品和手稿片段，这些遗产将把你"照亮"。在拍卖大厅里，参与拍卖的人都更喜欢收集沙丁鱼罐头、苦艾酒、成盒的猎用铅弹、吊床和切片器。

当你回到巴黎，蒙弗雷和法耶（Fayet）画廊的藏品，还有沃拉尔画廊的油画都使你加深了这种"雷鸣般深刻的印象"。1906 年 10 月，在秋季艺术沙龙中，大皇宫举办了第一次高更作品回顾展，看过这场展览，你改称他为"炫目者"。当然，因着玫瑰色的天空、迟缓的树木和绿色的马匹……这场展览引起了不小的反响。

你承认说，高更是一位孤独、不信神、持之以恒、可以不靠希望也不靠慰藉活着的冒险家，他有理由支持和反对所有人。你对他的敬意因此更情如手足。"多变、放任一切、极端。"这位欢愉之主把手中的接力棒传给了听从内心又充满焦虑的年轻弟子。

16

　　你反复把它说给想听的人听。你二十七岁那年，尚未谈婚论嫁。"我一点都不想要伴侣，我不需要一位诚实的主妇，也完全感受不到对家庭的需求。"出于玩世不恭或者中学生般的心态，你坚定地对作为布雷斯特大众情人的米涅尔说："性行为太消耗时间了。"这是你所害怕的吗？你害怕创作的冲动被打乱，害怕没有方向和被强迫的婚姻。福楼拜、于思曼、龚古尔兄弟以及其他很多人都担心资产阶级婚姻中相同的问题。但1905年，你途经雅加达、爪哇、锡兰、吉布提和塞得港，旅行六个月后返回法国，在布雷斯特遇到了伊冯娜后，你改变了主意。

　　她聪慧、灵敏，更是漂亮，比你小六岁，是布雷斯特一位医生的女儿，出身有修养甚至很博学的家庭，他的父亲儒勒（Jules）会创作剧本，还翻译莎士比亚的作品。在那年拍摄的一张照片中，她手肘支在扶手椅背上，身穿白色女士衬衣、朴素的裙子，面颊有些圆润，一副沉思的样子，沉稳持重，头发编成了花冠的样子。她的眼神和面庞上部有一点像伯恩-琼斯（Burne-Jones）的一位模特。她疯狂地爱上你，并且告诉了她的朋友，比她年幼一岁的埃莱娜·伊勒贝尔："一个出色聪明的男孩儿，既是艺术家也是音乐家。"你加快了恋情的发展，你的信越写越多。

然而，5月初，焦虑扼住了你的咽喉，你因为抑郁而动摇，你离开布雷斯特，去巴黎咨询一位专家，也就是弗勒里（Fleury）医生。弗勒里医生著有《精神医学导论》（*Introduction à la médecine de l'esprit*），他将爱情视作毒品。它会让人产生依赖性。你是否看对了医生呢？

在去塔希提岛之前，当你父母为你求学期间的欠债感到不安，并且反对你的某些交往（你和一个同事"分享"外号叫萨维利亚的姑娘）时，抑郁情绪将你剪断，把你淹没，这样的情况已经发生过两次。你感觉自己有罪、潦倒、一蹶不振。你当时解释道，"一种不可名状的不适，具有轻度神经衰弱的所有症状"，你那时通过洗冷水澡进行治疗，每天黎明时洗二十分钟。你把自己关在酒店的一个房间里，到处寻找书店和出版社，看望你至亲的朋友，尤其是蒙弗雷。如何放弃这种单身的艺术生活呢，如何抑制住这种动力，为什么要如此自缚？因此，你花了三个夜晚尝试把自己与单身生活

"分离"，然后你恢复了自控力。在你看来，如果这位美人可以按照你的想法规规矩矩地过家庭生活，那么你也可以兼顾两者。你和伊冯娜热火朝天地通过书信交流着，信中你精心铺垫即将到来的项目，就像准备一份即将签署的合约：艺术、旅行、需要消除的平庸和寡淡、对任何职业的怀疑、对金钱的藐视。至于组建家庭嘛，也可以，只要这不会对你造成限制。总结一下：你把自己放在第一位，然后才是她。

她接受了这桩不寻常的婚姻，"因为寻常之事从不会在你身上发生"。你粗俗地说道："妻子（你是如此令人钦佩的一位妻子）有如此的动力，我甚至都不害怕对你造成什么影响。"可能你还告诉了她你希望保留一点回旋余地的想法。显然，就算戒指已经戴在手指上，她也要听从你的意愿。天真的伊冯娜不假思索地接受了。因此，她是当选者，同时也是一位"用心的助理"，你在给蒙弗雷的信中写道。你马马虎虎地应付了结婚旅行，一刻也不停歇，为的是能尽快重新开始写作。你需要给克劳德·德彪西写一部歌剧剧本，这部剧本经过多次拖延后，进展缓慢，后来你满怀同情地对他解释说："我的妻子经历了多次艰难的遭遇，还有几次由于我出行不顺利而不得不分居两地，这是一种骨气……"

9 月底，你被调到了土伦。你的妻子留在布列塔尼，怀着伊冯。在书店里，在咖啡馆里，你和作家克劳德·法雷尔一起抽烟，他有着"黑色的胡须和魔术师的眼睛"，在停泊地的一家小咖啡馆里介绍你和奥古斯特·吉尔贝·德瓦赞认识。其他的旅行正在计划成行。你当时正在做关于兰波的研究。就像尼采和高更这些"亡命之徒"一样，这位履风诗人牵动着你的心，他那彗星般的轨迹和光亮指引着你。

*

"他永不停歇，然后离开了。"谈到他时，你钦佩地说。一种抑制不住的漂泊的冲动，几乎是流浪。他急忙打开门，穿过"森林、阳光、河岸、稀树草原"。1905 年 1 月，当你从波利尼西亚返回路过吉布提时，你询问了曾接触过他的里加斯（Rhigas）兄弟，然后在法国，你和帕泰诺·贝里雄（Paterne Berrichon）以及伊莎贝尔·兰波（Isabelle Rimbaud）夫妇取得了联系并且见了面。无奈这两位见证人笨拙又迷糊，令人失望。

"他是瘦高个，干巴巴，是一位伟大的步行者，啊！惊人的步行者！外套敞开着，头戴一顶小土耳其帽，他在赶路，永远在赶路……"，阿塔纳兹·里加斯（Athanase Rhigas）告诉你。

兰波那"永恒的形象"处处伴随着你。你从青少年时期开始在布雷斯特海军医院的花园里读《醉舟》（*Bateau*

ivre），直到走进于埃尔戈阿森林尽头的树丛时，你还在读这本书。1909 年，你一到中国，在跟保罗·克洛岱尔的第一次对话中就谈到了兰波，那时他是天津的领事。在你生命的最后几个月里，你依然鼓动温柔的埃莱娜·伊勒贝尔重读他的诗，并且送她一本兰波诗集。"他纠缠了我 20 年"，但那时，你需要为写给水星出版社的评论文章《两个兰波》（*Le double Rimbaud*）寻找支撑，此文于 1906 年发表。他有没有像高更一样被迫逃离枷锁，成为另一个人，被迫到别处去拥有其他财富、其他眼光，被迫在折断所有桥、重新创造或者升华他发现不了的东西的同时，走向他自己，如同一只自我陶醉的神奇动物呢？

当然，在这种"令人担忧的双重性"中有一个秘密。为什么他放弃诗歌，投身到哈拉（Harrar）的高原上，奋不顾身地投入到冒险和险恶的生意中，"去受体力劳动的折磨"？是因为包法利主义思想加剧了吗？想象力完全让步于赤裸裸的现实了吗？简言之，是不是存在两个兰波呢，一个是夏尔维勒（Charleville）的通灵者，一个是军火商人，一个兰波否认另一个兰波？那么，"这两个兰波中，哪个是真实的呢？"最后，这就是你阅读的内容，应该把这种逃避当作"一首行为诗歌"来看待。

三年后，在一次对圣波勒·卢的祭奠中，你重新作了这种分析，把你守护的形象团结起来，因此其中有布列塔尼的魔术师高更，他是"基础形状"的捍卫者，最后是才华四射的阿登省诗人兰波。对你而言，后者只是"一个人，一个诗人"，他是"韵律的掌控者"，"寻找着奢华和行动之美"。如此一来，诗歌和探索相辅相成，相互吸引，然后更好地成为一体。"兰波的生与死会是有关绝望的完美教训，如果人们不把它反向地说成是刚毅的示范的话。"你总结说，这也是在替你自己说话。

　　因此，我们更好地理解了你在从塔希提岛返回欧洲时，在塞得港附近对你家人说的话，在那里你感觉"力量大涨，精神饱满"。你这样描写自己的生活："当我自愿且有力地活着的时候，它是那么美好。"正如杰克·伦敦在《南海的故事》中所写："无限，就是我！"因此，你也应该继续往前走，被迫去找到那个地方，那句格言，使你获得一种"眼光"，永恒中的片段。这次，"这种可以碰触到未知事物的真实"因为被放大，被译为相反意思的代码而变得复杂难懂。你认识到这一点，并为它歌唱，赶紧向自己走去。

17

重新迈着"愉悦而轻快的脚步",走在通往地平线的路上。从 1909 至 1913 年,你第一次旅居中国,住在北京和天津,1914 年,你又进行了第二次探索,这次是为了"对中国西部和西藏边境地区进行研究"。探索代码是"伟大的对角线"。在可预见的六千平方公里土地上,你和"侦察兵们"一起,带着相当数量的食粮、鸦片和马匹,比上一次的长途旅行更加雄心勃勃。

你和大名鼎鼎的沙畹(Édouard Chavannes)① 的弟子一起制定了计划,在此基础上又进行了进一步研究。你还得到了另外两位汉学家的支持,他们分别是保罗·伯希和(Paul Pelliot)和亨利·考狄(Henri Cordier),这两位都是法兰西文学院成员。受公共教育部部长和法兰西文学院

① 法国著名汉学家。

委托，你们此次的任务代表官方。在长江上游记录到的数据还可用于河流运输——商贸、炮舰、战略。可能的情况下还可以与凯勒书局合作创办《京报》（*Gazette de Pékin*），记录在中国看到的中国。

吉尔贝·德瓦赞还在那里。因为一些原因，他要娶他最好的朋友皮埃尔·路易的妻子为妻，两人从此闹翻，直至离世也没有和好。古巴裔法籍诗人若瑟·马里亚·德·埃雷迪亚（José Maria de Heredia）有三个黑眼睛的女儿，露易丝（Louise）就是其中之一，她被抛弃、被欺骗了上百次，"病容娇美"。她对你的奥古斯托满怀感情。但出于法律上的原因，正式的离婚需要一定期限，所以尚需要等待。那种情形让人不快，紧张兮兮。长达八个月的时间足以让人恼怒。文学院的小团体中产生了争议，意见纷纭。这是无赖之行还是浪漫之举？奥古斯托有权利背叛他的朋友吗？被惹怒的伯爵宁愿在云南和陕西——"能找到所有幸福的国度"麻痹自己，也不愿意在巴黎里斯本路的公寓里强压着怒火。他于是紧靠着你，他曾陪着你度过了许多个"鸦片之夜"。你们"坐在草席上"讨论过之后，一切都变得清晰起来：你希望逃离此地，去别处看一看，逃离，然后去做现实之事——做一根船舶上的金属质的螺旋桨，这种意象让你着迷，它可以划水，划向深处，可以推动船前进，可以披荆斩浪。你对伊冯娜解释说："他砸到我头上的不是三万法郎，而是四万五千法郎，为的是让他的旅居和'我们的'旅行能更美好，更自由。"也就是说，这笔钱比你的津贴要多得多。拉蒂格凑上来，巧妙地回答说："我接受加入进来，也就意味着我可以拒绝。"在这件事上，奥古斯托提供经费就像为了弥补部长偶尔的拖延一样。为什么拒绝这意外的收获呢？"如果去探险前总是预先尝到一点我所经受不住的自取灭亡的滋味"，那也真是倒霉。

应该让你妻子做好思想准备，因为她当然不能陪你去。你一点都不顾及她，脑子里只想着"持续不断的探索"：1913 年 2 月，你独自离开了天津，然后 7 月离开中国，回巴黎推进你的项目，11 月你返回家中，但立刻又去了北京准备这次探险，1914 年 2 月便要动身。你对她进行了一番说教："我请求你，你要心怀大爱，准备好做我所希望的事情。"你建议她去上海，住到你朋友欧奈耶家里，莫里斯·鲁瓦也在那里，你还把她的妹妹苏珊娜（Suzanne）接来，以显出你的大度——她在布雷斯特过着单身生活，并且迷恋着你。于是你明确说，你亲爱的娜娜可以完全自由地……校改你收集的朝鲜文集校样，以及在北京印刷要交给凯勒书局的三篇文章。她还要照顾你的最后一个孩子罗南，他在你赶回来前半小时出生了。罗南也是一种额外的负担，在不妨碍你行动的条件下你才接受他。"他有一头鬈曲的金发。我尚且无法断言他长得像我。"你幽默地说。鉴于你们没有连续的夫妻生活,有那么一两个评注家怀疑你的父亲身份(难道他不更应该是拉蒂格的儿子吗?罗南是拉蒂格名字的第二个组成部分),这个假设后来被推翻。

你还是将这次不同寻常的旅行告知了听话的伊冯娜:"我的朋友们可以让你放心,但我不能。我为你做好这些折衷的预防措施。"关键在于,在当时所处的时代,交通不方便,地图不完整,地区划分不明显,危险四伏。上一次,你难道没有遇见十五年没有跟白人讲过话的那位传教士吗?即便是像你这样经历颇丰的人,也没有经历过这样的遭遇。这样的经历充满危险。战争头子和土匪都滚远一点!谨慎起见,你买了一些武器,像奥古斯托一样写好了遗嘱,什么都没有忽略,还订做了 26cm × 36cm 规格的黑边黄纸,对折后用来写信。你得到了当局的许可,拿到了经费,媒体(《费加罗报》《时报》《当局报》)给予你帮助,服装设计师雅克·杜塞(Jacques Doucet)① 也对你进行了资助,他让你自由选择他收藏的字刻和石刻。"我游戏人生,似乎中了大奖……"

开往莫斯科的火车来了,然后是开往天津的火车。你已

---

① 以艺术收藏家闻名的法国服装设计师。

经带着你的行李箱乘火车摇摇晃晃走了十五天，行李箱里装着你的照相底片盒、照片冲洗机、一个小书库，还有给"提供梦想"的家人找到的食粮。你就像一个重新骑上战马去寻找圣杯的骑士。马儿们在原地等你：泽波尔（Zèbre），它是一匹阿拉伯和中国的混血马，你喜欢"它的绒毛和动作的流畅"，还有佩噶祖（Pegazoux）、勒帕普（Lepape）、苏尔布丹（Surboudin）。你会让艾波娜（Epona）给你带路吗？她是骑士和旅行者心目中的凯尔特女马神。那么多待人发现的东西，那么多可以自由支配的时间，也不存在物质方面的忧虑！你对伊冯娜一遍遍地重复自己想要"突然行动，并且再次津津有味地投入其中"的愿望。你井井有条又切合实际地对沙畹教授说："我们把道路两旁方圆一百里内可能会经过的地区都列成了一个总清单。每一个地区都编了序号……我们会按序号记录好所有数据。"他答应提前"查阅所有中文书籍"，从而了解哪些资料是已经存在的，哪些是需要你去收集的，你需要去哪些地方——"这是一项繁重的整理工作"。接下来还需要在壁画已经破裂的会议室里向法兰西文学院的老教授们"报告"并"介绍考察计划"。甚至还要在索邦大学的讲台上讲一讲。在火车的汽笛声中，白皮肤的布雷斯特人和棕色皮肤的巴黎人出发了。

　　正如你在你父母面前回忆的，你 1914 年的愿望是完成

"四分之三的环球旅行"。然后，回来之后买一辆"十五马力，无内管道阀"的汽车，从而能跑得更快。"我的人生中没有一分钟可以浪费"，可天不遂人愿。

18

终于来到了中国。你对儒勒·德·戈蒂埃描述说："时间中未知的事物，过去可以被抓个现行，可以在一幅幅小画中定义空间。"然后，你也向他简要地解释了你打算如何进行这次旅行："我要用十个月的时间去努力奔波，去寻找可以反省休息的个人时间，可以集中精力长长地思考，漫无目的。"对于古代文章、传记、各大帝国的编年史和年鉴、官员的一些记载，以及近年来的作品（比如考古学家沙畹的作品）的思考永不停止。最大限度地与土地较量：诗人看到了山川，被山挡住去路的人将它攀爬；在地图上标示出的河流里，船只凭借船桨的力量顺流而下或逆流而上。在一个遗产概念还模糊不清的时代，你们把路上出现或显形的东西都明确记录下来，包括麒麟和长翅膀的老虎。你反复写道，"一次真实的经历"；你通过旅行日志的形式——《路线图》——迅速地"第一次当场捕捉到它的不同之处，巨大或微小，这将亲眼所见和想象区分开来"。

此次行程让你想起第一次远行，即使后来改变了方向：从东北到西南，预计行程六千公里。中国的大省就像大块的蛋糕：河南、陕西、四川、云南。如今，人们依然记得你的巨著。你全身心投入进去，只要有路可循，你就会沿途增加行程，列清单、记笔记、画草图（"我尽可能地多画图，画图是看清一件事物的最好办法，然后再用文字进行描述"），还有那些用广角镜头拍摄然后冲洗出来的照片，以及你所完成的所有勘察和发现工作，在那个时代，这样的探索非常了不起。

两吨重的包裹和物料，七辆双骡车，六匹"灵活又有耐力的"马，三名欧洲骑士和十七位随从（脚夫、马夫、厨师以及让·拉蒂格的中文老师）构成了你们的探险队伍。另外还有一名按工作量给他支付报酬的压印手艺人（用黑色和红色墨水把大纸盖印到石头上，这些石头上的铭文会被浇铸成铅字，用作你办公室的装饰品），在某些路段，当地政府出于好意，会派一队武装官兵护送你们。

亦步亦趋地这样跟着你实在是枯燥，尤其是每天的生活都没有任何区别，做事谨小慎微，令人筋疲力尽。从1914年2月1日（北京出发）到8月24日（到达云南），期间的一切都被记录下来，包括行程里数，每天的行程最多是六十公里，最长时间的一次赶路是连续走了十个小时，同时弄清楚沿途寺庙、陵墓、需要翻越的山口的名字，这是每个人侦察的成果，为的是认出这个或那个地方，验证一种假设、一种可能性。

7点起床，半夜睡觉，"肩上披裘皮，脚下烤火盆"。第二天，照旧，重新拿起史书，"在无边无际的书中，就像只身一人在广阔的大地上，追踪着可能仍然健在的雕塑的样子"，之后便再次上路，或者围绕"美丽而饱满的黄土地上"的一个根据地进行考察。

淘金者的想法让你兴奋。你想要金块，弥补时间的金块。你希望发现到的过去可以照到你的现在，对现在发出回响，拯救现在的不足，最好能弥补这种不足。但愿过去能填满并征服现在；但愿这种回忆打开了相邻的、连续的世界；但愿另一个人，在此刻或者在过去，呼唤你，迎接你，收留你；但愿最后你超越了他，而他就是你，多重的你，不断叠加的你……

你一头埋在游戏台里，寻找你的财富，在可能性很小的情况下，从过往的痕迹和记忆中追捕意外收获："两三篇文章出现相同的内容，并且涉及的地点只在数里之外，位于地图上同一点的时候……你们就会满心激动地冲过去，而且这种激动之情只增不减。"尽管有几次失望或者失败，比如有些底片坏了，需要用柯达胶片替代，在一个没有可靠记录的时代去找到一些地方相当困难，甚至会遭遇欺诈或者统治者、村民、僧侣对此都一无所知，无法为你提供线索，但这个国度还是和着你木鞋深沉的声音，在你的指南针和测高仪的指针下打开了大门。这里广阔、富饶，让你赞叹不已。"每一步都是注定的欢乐"。你在写给伊冯娜的信中说。

照片可以陪伴你回程的路。你的这些照片后来被吉美博物馆收藏：泥泞的黄河河岸、华阴市附近的寺庙前的东柱廊、车队离开西安的场景（一纵队步行、骑骡子和骑马的人）、短桥、稻田上方灰蒙蒙的山丘、山谷、丧葬雕刻、柱石上进行的压印工作（助手站在摇晃的支架上，铺上吸墨水纸或透明纸），然后是壮阔的景色，几乎无边无际，在一片凝固的寂静中，其中嵌入了你们行进的步伐。不断有所发现，"古老的中国，当我们当场捕捉到它时，它从来不会让我们失望"。

你讲给伊冯娜听。你们已经周游了西安，并在此基础上绘制了汉人首都的地图，那里依然保存着他们的城墙和陵墓。但这次，2 月的天让人失望。在那之前，这座都城都是"无与伦比的"。在你们的询问下，一位老大爷给你们讲述了一段故事，后来又有一个人给你们随意讲了三个零星片段。在更远处，在那边，对，肯定是那里，在十几公里开外的地方，有一座情况不明的陵墓。这是神话故事中讲到的那座陵墓吗？你向那里飞奔而去。

你走了五里后，从一个断层处走出来，在一片难忘的暮色中，站在紫色的骊山山脉前，这座山脉高一千二百米。这时又出现了另一座山峰，这座山峰背靠一片耕地平原，但这是座灰金色的山峰，在它后面仍然有其他山。后来你对沙畹说，那是"两座金字塔状的山峰，一座摞在另一座上"。你预感到了，就像一位通灵者接受信息一样，明白过来：这种巨大的形状太过规整、太过对称了，立在一座方形的台基上。走近了看，尽管有灌木丛遮住了它的侧翼，将它和周围的景色融为一体，你还是借助凹面的弧线区分出了三层台地，这是一种你没有见过的侧面。你估计该侧面高五米，宽三百五十米。你说："再走近一点，靠得最近的时候，一切都明了了，和我看过的文章里说得完全相符……"

你是那般震惊和兴奋！因为这是一个重大的发现，"让只是用他那双漂亮的绿眼睛与我确认"。因此，这不是一座天然的山峰，而是一处被隐藏起来的遗址，一座坟墓：这是中国的第一个皇帝秦始皇（公元前259—前210）的陵寝！他用武力实现了战国时期列国的统一，并命令修建了长城的一部分。他是秦朝开国皇帝，是所有皇帝中最出名的一位之一。他废除过去，希望时间从他那里重新开始。这个皇帝狂妄自大又专横，他把自己的陵墓隐藏起来，传闻还让两百名嫔妃和所有知道秘密的工人全都陪葬。在《路线图》中，你毫不犹豫地把秦始皇陵比作胡夫金字塔，你写道："地基稳固，对称又有凹角的等高线，线条显示出力量，优雅又刚毅。"

但你既没有得到许可，也没有办法展开挖掘，哪怕挖出一条通道都会招来麻烦以及农民和当局的敌意。那么除了记笔记、拍照片、画草图、给考古学家起草备忘录，给报纸专栏写文章，你还能做什么呢？于是你围着这座保护完好的山转了几圈之后就离开了，它无声的存在辐射着整个平原。

坟墓里藏了什么宝贝呢？它是密闭的吗？入口在哪里？这些都需要你去杜撰吗？"让我带你们深入其中一探究竟，应该深入这座陵墓。"你在《画》集中想象着写道。你来到地下，几盏黄色灯火照亮了拱顶走廊，灯后面的砖墙上有人物画，讲述了秦始皇的功勋。画中，秦始皇身边陪着"上千号人物，这些人物一个挨着一个，既没有重叠在一起，也没有被遮住"，还有旋转的楼梯……但在立方体的陵墓中，在迷宫的中心，在仿造河、海、山的装饰中放着启封的石棺，石棺里可能是空的。"是的，你可以看到里面：是空的。"你一遍遍地重复着，像被鬼魂附体一样。但你明确说道："他填满了整个帝国。"在外面，在这个处处受他制定的法律规范统治的国家，尽管这位秦朝君王已经不在了，但他还在继续统治着这个国家，因为他的"王朝的名字带来了中国①这个词"。

　　1974 年，此地向西一千多米处，人们挖出了八千个陶塑的步兵、弩兵和骑兵，还有车兵组的马和马车等。这些士兵与人体型大小相当，堪称一支可以为皇帝征服冥间世界的庞大军队。这是 20 世纪被列入联合国教科文组织文化遗产的考古发现之一，令无数游客为之着迷。这是你的考古发现，因为从某种程度上而言，你是这座陵墓的"发现者"。

　　至此，这座陵墓一直没有被挖掘。

*

　　还有其他遗址……无需——列举了。需要指出的是，如果你作为一个欧洲人、考古学家去发现这些遗址，周围的村民有时会承认它们的存在，但不会给予它们重视。从你拍摄的照片中我们可以看到，这些陵墓都建在稻田里，如同荒野中可怜的幸存者，或者就像这位文职官员的雕像，被抛弃在荒草中间，苔藓一直侵蚀到它的膝盖。有一些则被耕地淹没了，另外一些和"被肥料、石灰渣、山体滑坡的土块塞满的

---

① 古代"中国"含义不一。或指京师为"中国"。"中国"一名最早出现于西周初期，其含义随着时代与地域不同，有所区别与变化。《史记·天官书》："其后秦遂以兵灭六国，并中国。"此处为谢阁兰主观之见。

农用物品混在一起"，或者已经倒在地上，被摔碎，"植物茎从雕塑的腋窝或者肋侧悄悄伸出头"。大量陶塑都支离破碎，很多被堆成了矮墙或者变成了石磨的碎片。

但我们至少要记住这次的发现，下一个月，即1914年3月，当你在寻找书上记载有"石马和石人"的地方的时候……为了扩大统计的范围，你们的团队被分成了组。这次，你需要单独行动一周。你喜欢被这样划分的日子，时间安排上有条不紊：八小时骑马或步行，八小时工作，最后八小时用来吃饭（野味和蜂蜜）和休息。在青草斑驳的山丘之间，除了最大程度的孤独之外，你的"身体也出现异样"。在一种继续上演的奇迹中，风景也能与人聊天，能横贯空间，也能辐射四周，你在其中品尝着酒神狄俄尼索斯似的热情，就像尼采所理解的那样：超越自我和现实，在昙花一现的深渊之外，重新找回和谐统一，意识状态更加充实，更加空灵，更加和谐。

你在田野里奔跑了一阵之后说："我分辨出一匹石马，于是驾我的马去追它。"你来到一座小山丘脚下，公元前1世纪，一位中国骑兵队的将领曾对抗匈奴人，这里是他的坟墓。根据解读出来的石碑，这位将领死时年仅二十四岁，但他骁勇善战，打败了四万二千名敌军。

你在那里发现了一座古代的雕像。这座雕像高1.4米，

184

魁梧地立在底座上。这是一匹战马，可能是那位少年将领的坐骑，所以才是这个高度，马的胸前压制着一个手拿弓箭的蛮族敌兵，敌兵正和这个踩住他的畜生生死搏斗。你告诉伊冯娜："十秒钟的时间里，我感受到亚述人的威势受尽凶残打击，我发现了一件比现有的所有作品都更古老、更别出心裁的艺术作品。"你记录下了这件作品外形表现出的和谐与力量，也同样记下了线条运用的灵巧，这使得雕塑的两部分，也就是将领的马和马下被制服的匈奴人形成鲜明对比。"雕塑家、主题和内容之间的完美默契与和谐。"

你的直觉仍然是对的：这座雕塑比同时代所有为人所知的雕塑都更古老。它创作于公元前 117 年，这一点后来得到确证。你给蒙弗雷写信，为超越了你的前辈而感到欣喜，因为之前你都在追随他们的足迹，尤其是沙畹："这是第一次跨到公元前……从头到尾都透着打破纪录的欢乐，因此，我的马真是好东西。"你"浅耕"土地是对的。

但最困扰你的是麒麟，"不可能存在的、神奇的麒麟"，这神秘而传奇的东西存在于现实和想象之间，你从"它们角上"跨过，但没能预感到它们的藏身之处，你为此而发怒。根据传闻，其中一只麒麟会流出一种神奇的血液，这种血液可治百病。怎么能不在雕塑作品中寻找麒麟呢？原则上，麒麟都是把狮子的身体部位加到老虎身上，把乌龟的身体部位加到龙身上，而且大多成双成对出现，为名门贵族守墓。你受到地方长官的接见："他很亲切地给我叫来了他的秘书，秘书带来了地方史志，这些史志再现了麒麟的整个历史，讲到了它的爪子和血液，但还有一句简单的'已不存在'。"至于你在歇脚的道观里询问的道士，他们显得疑心满腹，很吝啬，没有告诉你太多信息。麒麟①是半马半鹿的形态，马的额头上长了一个剑角，难道它们真的像记忆一般从这些地方消失了吗？它们有没有可能还潜藏在地下，在走廊的深处？它们"是肉眼看不见的"，你遗憾地说，你不惜"用长生不老者一百年的生命换取一只珍贵的兽爪"。

因为有了导游、脚夫、"防范山间土匪"的哨兵的陪伴，你们考察的范围扩大了，向东南延伸了二十公里，又向南延伸了十公里，但徒劳无功。"少了石头遗址和地下宫殿，这里的样子非常古旧，对于那些可以感受到鬼魂跳动的人来说，这里满是鬼魂……"

拉蒂格和德瓦赞运气更好些。3月5日和6日，根据沙畹的指示，沿着"灵魂之路"，他们解救了一匹长翅膀的马，这是公元7世纪的作品，在两座皇室墓地附近。水流冲走了山丘上的土壤，将它淹没，只有头部露出了地面，"在它那充

---

① 此处谢阁兰发现的应该为獬豸。

满善意的大眼睛里，流露出希望的眼神。"地方统治者接受了这个请求。然后是为期两天的奋力挖掘。

在一座石丘脚下，顽强挣扎了数小时后，麒麟膝盖以上部分露出地面，得以重新感受阳光。你心花怒放，因为真相似乎就在一座黑色熔炉的炉底潜伏着。这是在另一个世界骑行的坐骑！过去和现在不再相互抵消，而是在一种直接性中互相延伸：那里，是一副巨大的石骨架，重达好几吨，它在高度和平衡性方面都超过了你。它也让你穿越了时间。

这件事留下了好多照片，其中一张记录了让人感动的画面。照片中，土壤被堆成堆，奥古斯托手肘支在填方上，手里拿着帽子，在巨大的圆丘后面摆着姿势，既满心欢喜又筋疲力尽。另一张照片拍下了这个动物的侧面，蛮横、带着笑意，照片里只缺它那有多个环节的角。"这座雕像的创作年代应该被推定在公元 683 年，因为明朝时的一场地震，它从底座上被拔了下来。底座就在离它几步远的地方，上面恰好有马肢缺少的部分：脚和腿弯……"另一张照片中，雕像已基本被挖掘出来，有七名苦力围着它忙碌着，正在清理它前胸的泥土。你还在画这匹马，你的手延伸着它的线条，重新找到了雕塑家的灵巧和尖锐，在粗重的笔下将之分辨出来。这就是麒麟的样子了，鬃毛被编成了辫子，眼睛滚圆，被缭了边，鼻孔张开着，嘴唇上带着讽刺的样子。这动物脸上显出温和而自信的样子。它那螺旋状的翅膀贴在肋骨两侧。在自由的空气中，这匹马似乎想展翅高飞。维克多，唐高宗的这头麒麟，它从古老王国中重现，你迫不及待地想把它变成自己的麒麟，但它在低声说着什么呢？

*

3月，4月，5月，一直到6月，你们在四川省，在嘉陵江、岷江上乘舟而行，增加了往返的路程，多次停留和挖掘，单独或者两人结伴进行探查。你们这种有节奏的分区行动几乎要累死你们的马了，拉蒂格和你、奥古斯托和拉蒂格、你和奥古斯托，这样的分组行动"为的是不漏掉任何东西"，为了管理新发现、无人之境、雕塑、洞穴、陵墓、墓碑柱、岩画、山和动物经过的地方、失望和醉酒……你们还发现了一个奇迹，在彭山附近的一块汉代石雕上，雕刻了两只动物，嘴对嘴，左边是一条刮去鳞片的龙，右边是一头肌肉发达、挺着胸脯的老虎，它们在用嘴争抢一个有方形孔的环状物。你从中解读出了想象和现实之间永不停止的斗争——中间是永远未知的存在。还有这片小山谷状、被森林包围的山间草原，献上了让人闻所未闻的"花海"表演。这是一片坐落在海拔三千四百米高度的乐土，长满了火绒草和绿灰色的苔藓，你用了整整三小时的时间大步走遍了这里。

空气中散发着甜美的香气，明媚的程度就像有小聚光灯照明的花园般无可比拟。奥古斯托和你，你们似乎犹豫不决。是谁在统治着这"宽而广，一望无际的"梦幻世界呢？

笔记、绘画和照片积累起来，已经冲洗出来的照片正在邮寄的途中或者已经寄到上海，伊冯娜在上海接收中转。你没有因此失掉对文学的渴望，关于儒勒·罗曼（Jules Romains）、莫里斯·勒纳尔（Maurice Renard）以及安德烈·纪德的评论文章就是明证，其中，你在仿佛不太真实的云南丽江府向《窄门》致意，引起了"深刻而神秘的反响"。在中国广袤土地上度过的这半年里，你依然给儒勒·德·戈蒂埃、蒙弗雷以及沙畹、考狄等相关考古学家写信，将最小的细节告知他们。当你精神不振时，在烛光下，裹着皮外套，抽着烟斗，大口地喝着米酒，大量的手稿页散落四周……

但在 7 月的行军途中，在去西藏地区的路上，欧洲教士被谋杀的传闻让你退却，于是你向南冲去。你放弃了首先路过的几个村庄，在这些村庄里你们已经见到了高大的藏族人，他们"身穿绛红色、橘色、红葡萄酒色、石榴石色系的衣服"，随身带着干茶砖，赶着毛茸茸、懒洋洋的牦牛。你又一次错过了神秘的西藏，这是牵动中国神经的黄河和长江的发源地，是世界屋脊……

最后，8月11日，正如让·拉蒂格抒情地讲述的一般，一个信使"从迷雾中出现"，宣布了这个消息：欧洲爆发战争，那时你"只身一人在一个山口顶部"。"德国、奥地利对抗法国、俄国、英国"。电报中明确写道。一切开始运行，像火一样燃烧起来。法国公使团被要求必须回国。伊冯娜的来信一封接一封，充满惊慌。匆忙之中，你把马刺转向了另一个方向。

你们放弃了探险，放弃了不可能找到的麒麟，以及"有大块白色需要填充"的地图，三个人一起南下去往越南的海防和西贡，在十一天的时间里行进七百公里。9月7日，你们登上了保罗勒卡号（Paul Lecat）客轮，伊冯娜和伊冯已经在船上——谢阁兰家族的其他人留在天津，他们依然"酗酒"，在你的朋友罗班和你的小姨子苏珊娜的指引下等待一条安全的通道。尽管考古工作完成了，获得了出乎意外的成果，但水文地理方面的工作却推迟了。"但你有一种强烈又让人愉快的印象，身后是近十米走过并测量过的路，知道河流流向何处，知道分水界如何发挥作用，相反，眼前的每一个山口都出乎意料之外。"你已经为这种印象感到遗憾……一种"令人喜欢的现实"。

10月，你们从马赛上岸，三个人都被动员参军。"十个月的远行、马术和身体得到锻炼"已经为这场考验做好了准备。拉蒂格加入了步兵部队，奥古斯托加入了炮兵部队，而你，尽管你也想上前线，可惜却去了罗什福尔和布雷斯特的后方医院。这是你们在形影不离的手足之情后经历的一次破裂。至此，你们的远行已经收获了成果，你们的手枪皮套里装着"五百张古代中国的漂亮照片"，所有的资料都得到了妥善安置，并且给法兰西文学院上交了一份可靠的报告。即使你们的远行被缩短在了高原河流一带，战争也没有致使你的计划泡汤。你"四五年后有十二本手稿要出版"。你顽强到会让自己惊愕的地步。你使现实服从于你，而诗歌在你身上歌唱，就像一处源泉。

19

　　在布雷斯特，你出生在圣马丁（Saint-Martin）区马西隆（Massillon）路 17 号，圣马丁区就是原来的"兼并区"，然后你搬到了靠近港口的埃吉庸（Aiguillon）路 6 号，和你的岳父母住在同一所大房子里，最后搬进了昂坦城 5 号，两处居所只有几步之遥。在昂坦城附近，有一条路从此以你的名字命名，就像位于档案馆路的西布列塔尼大学一样。在可以进行友好协会铜管乐演出和军事阅兵的大柔林荫道（cours Dajot）下方的一块石碑上，你的肖像以圆形浮雕的形式被刻在上面，但这幅肖像相当失败。你对埃莱娜·伊勒贝尔说："与停泊地和悬挂着彩旗的船队打过招呼后，我从安装了铁栅栏的城中走出来，跳了四下便从台阶上下来，来到了大柔林荫道上，可以清楚地看到只有我一个人在那里。"

　　然而，你没有葬在这里，比如城里的圣马丁墓园，这座墓园因其棕榈树和空中坟丘而出名；你被葬在了于埃尔戈阿的墓园，那座墓园平坦，铺着细砾，距离圣马丁墓园七十五公里，这令你的父母恼火，他们因为感到羞耻而没有来参加葬礼。于我而言，你依然是布雷斯特人：楼梯上的鸟群、航运商贸、军官的圈子、航运商店还有在眼前叮咚作响的西亚母（Siam）街，这些都属于你。你有这里本地人粗鲁的一面，他们知道欺骗永远走不长远，他们不顾神话传说，对大海充满怀疑——它是最强大的。他们还要适应洗刷灵魂的风和雨，并且与这片平坦的荒野和解，这片土地紧紧抓住一片片沙滩的连接处，直到有益的森林，真是不容易。

今天码头上依然色彩斑斓，回响着港湾之间船坞的喘息，风吹鹤唳。庞菲尔（Penfeld）河上的凹口是河港的狭窄入口。所有的路都向伊鲁瓦兹延伸，飘着咸味的风和尖叫的海鸥在广场上空盘旋。苦涩的日子里，汽笛声外，水族馆有一道光传出来。波浪书写着泡沫的文字。谁在那里读书？过去，在这里，雅尼克（Yannicks）和小泽夫（Ti-Zefs）[①] 在筑堤的缓坡上互相痛打。或者欣赏海军分队精确地训练。他们已经被菲律宾的船员替代，这些船员在酒吧间闲逛，购物

---

① 历史上，布雷斯特的勒库夫朗斯（Recouvrance）区是后来并入的区域，该区的居民保留着布列塔尼的语言和习俗，这部分居民被称作"雅尼克"，在布列塔尼语中是小雅（petit Yann）之意，在法语中是小让（petit Jean）之意。而布雷斯特的原住民被称作"小泽夫"，意为小微风（petit Zéphyr）。

包挂在肩头，寻找着他们没有找到的女孩儿。"原本的布雷斯特"在哪儿呢？

我很高兴总能经过活动吊车渡桥，沿着河岸朝原来的海军兵工厂走去，就像我父母那样，他们是海军工程承包商、军需官和殖民地军官。在大峡谷的深处，法国海军的军舰缩成一团，大炮被盖在布罩之下。在左边，红丹色和亮黄色的货轮摇摇晃晃，像粗劣的首饰一样脆弱。克罗宗半岛，也就是圣波勒·卢的那个半岛，在南边显现出来，有岬角和岩石作装饰。

你喜欢过这座粗鲁、强硬、很少放任的城市吗？你喜欢过你的出生地，"离城墙五里地的"圣马丁区和那里安静的下午吗？这种"柔和而潮湿的光线中无可比拟的温柔"呢？你那恢复了原貌的办公室是一个私人王国，正如你在1915年描写的那样，这里风水很好：佳沃（Gaveau）钢琴、精挑细选的藏书、从塔希提岛带回来的高更油画（《雪中的布列塔尼村庄》）、蒙弗雷的另外几幅画、从天花板上垂至地板的几幅中国画、桌子和舒服的沙发。这些都是激发你灵感或唤起你回忆的东西，你回到那里就像回到一个港口……或者一个洞穴。

这首先是你作为医生在两次考察之间的常规工作——这会让你高兴，因为布雷斯特医院如今有了一个与麒麟有关的名字——白马医院。这是地理意义上，也是精神上的尽头，因为你在大陆的尽头。最后，这是一个避风港，也是一种负担，因为在礼节游戏背后，你和你的父母关系依旧疏远，你卷入了负债，掉入了父母的指责中，他们指责你没有严肃认真地在市中心定居，没有选择一份更好的工作，不是一个那么好的儿子……真是算得一笔好账！

位于城门和停泊地之间的这个城区比表面看起来更复杂：比起民用，更军事化；比起布列塔尼，更法国化。它被划入布列塔尼的范围，连同它的编码、与海军有关的用途、它的营房、它的城堡——以前是劳役犯监狱。就像北京围着一圈"青瓦围墙"一样。城中心是海军司令部、必要的道路和禁区。外围是声名狼藉的街区和其他一些有更资产阶级的街区，这些资产阶级会冷漠地说些闲言碎语。但每一个道路拐角处都很宽敞——这不属于重要的方面——就像一个伤口、一个嘴巴一样张开着。嘶哑的汽笛声从舰队或兵工厂的堤岸上一声接一声传来。

第二次世界大战和战争过程中的地毯式轰炸将一切都碾为平地，其中包括海军医学院和苦役犯监狱的建筑，福楼拜曾在《经过田野和沙滩》（*Par les champs et les grèves*）中欣然描绘过这些地方。谁还记得海军医院的植物园呢？这座植物园建于 17 世纪，里面有几位贵族、船长和科学家收藏的外来品种。植物园里除了植物和树木，还有在橱窗和广口瓶里展示的骨质首饰、武器、面具和木雕。维克多，你"经常出走"，成了这里的常客。那里有"一片树林小广场、几个围起来的小花园，然后一处防波堤悬垂在兵工厂的后上方三十米处"。这是你的其中一个避难所，你在那里，一边背着兰波的诗，一边闲逛。后来，在你人生末年，你在那里等待你的儿子一起去温室里走一走或者站在蜥蜴和蝴蝶标本前面看一看，"一个更热、更潮湿、比自然状态下更容易出汗的热带角落"。在岩丘防御工事的尽头，那里难道不是世界开始的地方吗？

那里什么都没有了，除了从斯唐-阿拉尔（Stang-Alar）博物馆里收集并送回法国的几种植物。在你的一封信中，你讲述了在医院守夜的经历。你喜欢待在那里，在灯下写关于雕塑艺术的随笔，你在安静的锚地之上守夜，就像一名值班的水兵。你喜欢待在那里沉思，让自己静下来，你在本子上积累了狮子和马翅膀的一些绘画，并加了注解。按照你的注解，这一只翅膀"不会再从胸前和腋窝下显现出来。再不能让这动物假装可以飞了"……相反，在7世纪皇家陵墓上发现的另一只翅膀，"紧凑的神经纤维束，呈涡形展开"。这些世纪过后，你还是它们最后的、热情又清醒的骑士吗？

很长时间以来，你打算放弃这样的职业和时间安排——"重新完全自由地工作，这多快乐呀"——你打算将精力全部倾注在对中国的研究上。然而，你作为医生，深受喜爱，非常称职，"不知疲倦地勤勉工作"，晋升为主治医生。尽管你在 1915 年 5 月被派往战争前线，前往迪克斯梅德（Dixmude），被编入了海军陆战队，但你没在那里待很长时间，两个月后就患急性胃炎病倒了。你康复后回来，面对这种无节制的屠杀惊慌失措，你可悲地在布雷斯特重新接手工作。

　　在天天上演的恐怖和报纸的大肆宣传中，能抓住什么呢？何等的英雄气概，为了谁呢？ 1916 年在贝藏松医院的一张白色床边拍摄的照片中，奥古斯托胡子拉碴，眼神游移，肩膀上受了伤，他深受"神经病变"所累，变成了羊癫疯，最终退役了。照片右边是后来成为吉尔贝·德瓦赞夫人的路易丝·德·埃雷迪亚（Louise de Heredia），她缩在羽毛帽子下面。你在最后面，穿着十粒纽扣的制服上装，手臂张开着，仿佛要抓住坞修舰艇上那无用的船舵，你胸前挂着荣誉勋章。至于小让，他是一名"骁勇无比"的军官，在比利时又受了一次伤。他受尽了当兵的苦难，给你写信讲述这段让他既惊慌失措又无可奈何的"痛苦丑事"。在那里，痛苦无处不在，恐惧和荒谬也无处不在，天空一片空白，你发现，周日念诵的福音书从来都只是"一系列可恶的谎言"。在激烈的重炮猛轰过后，部队在机关枪紧锣密鼓的"突突"声中重新出发。暴风雨之下钢铁般的阴霾天空。大地在震动，气吞山河，人山人海。

你极力抗拒医院。尽管你如同身陷行政部门，但依然在散发着乙醚和消毒水味道的房间里，在担架和铁床之间，在药瓶、注射器、纱布团之间东奔西跑。你在"这股死亡味道"中筋疲力尽。你办事高效，有条不紊，将慌乱隐藏在技巧动作和礼节后面。好战的想法没有了！如果你曾被劝服履行战斗的义务，那么现在面对被浪涛、攻击、村庄和军事训练碾轧的勇敢士兵，你只剩下气恼和无力感。铡刀下死去的人难以计数，就像牲畜被推进坟墓。正如阿波利奈尔所写，混乱之后，"在数百万只大苍蝇的极端恐惧中"还剩下什么？可能就是艺术。

*

为了逃避，为了重生，你吸鸦片，吞云吐雾，手轻微颤抖，平静下来。在门窗紧闭的房间里，沉醉的形象和轻盈的声音像以前一样连续不断，未被触及、被扯断，又连接起来……

1916 年末，一个年轻的布雷斯特女孩儿出现了，她在你身边待了六个月。她是谁？没有人知道她的名字。她活泼、"激昂"、魅力四射。你的朋友拉蒂格看不上这"瘦弱的消遣对象"。你找借口说有压抑的感觉，需要"散散心"，"这是出于工作的需要"。他为伊冯娜辩解，你回答说嫉妒"丑陋不堪"，你受不了了……你妻子终于还是与她的情敌"聊了很长时间"，然后把她赶走了。外省的慢生活重新开始了，表面上很平稳，你们之间的漩涡和暗礁藏匿了起来，能藏到什么时候呢？

有时候，你赶去巴黎的样子就像在沙漠里奔向一片绿洲：蒙弗雷、艾德蒙·雅卢（Edmond Jaloux）、不想再接受你歌剧剧本的德彪西、克勒斯（Crès）或者法兰西文学院的先生们会接见你。夜里你会继续工作，继续写《勒内·莱斯》和《天子》。你完成了《致敬高更》，并在此期间重写了一版《俄尔甫斯》，出版了《画》集。拉蒂格承认，你依然"充满生机与强劲欢乐的活力"。

"我尊重所有发芽生长的东西。"你补充说，"对于我唯一能积极参与的东西——文学作品，我不遗余力。"伴着兵营和码头上的第一声军号，当随海浪吹来的风吹入停泊地，吹上楼梯，像抹黄油一样在安静的大柔林荫道上吹开，值完夜班的你迅速穿上一件衣服，迈着梦游般的步子走在回家的路上，街上的微光冲洗着疲倦。为了不打扰伊冯娜和孩子们，你窝进沙发里，周围堆满了印有朱砂红和黑色文字的压印图案、有关日本的书籍和你的书稿，就像尼莫（Nemo）船长躺在潜入深海的潜水艇的卧铺上。你的眼镜被放在了有底座的玉山旁。还有这座旅游之神的小雕像，这座雕像是透明的，镀了金，呈现出暴风雨来临时天空的颜色。"雕像不能行走，但应该被带在行走的人身上。"你这样认为。

你浅浅地睡了一觉，刚刚恢复体力。坐在坐垫上，眼睛通红，两条不舒服的腿不听使唤。因此一切都结束了吗？你还在打盹，床单缠绕在你身上就像包裹着一具木乃伊，令你感到虚弱又痛苦。你喘不过气来，在房间里醒过来。茶在画有枸橼的茶杯中凉掉了。在塔希提岛买到的高更创作的布列塔尼的油画中有弄脏的玫瑰、雪中蒸汽腾腾的风景、被寒冷压垮的破房子、光秃秃的树木，仿佛在责难，仿佛在劝说……不，不可能待在那里，在打了蜡的墙裙和一堆熨烫过的衬衣以及玩具中间！黎明时分，你跳上了开往土耳其海岸的第一辆哐当作响的有轨电车，想大口呼吸，重新看一看灰珍珠般修长的天空，并且沿圣皮埃尔-基尔比尼翁（Saint-Pierre-Quilbignon）海岸的浪潮走一走，听一听它反复的诉说——它在鹅卵石沙滩上说出的是是非非，看一看岩礁上腾起的薄雾。你把手插在口袋里，兰波的诗集装在制服上衣里，在海鸥啼叫声的指引下，你回忆起了不久前你以独有的方式靠肌肉、文字和足迹来唤醒的中国的山峰、石群、泉水、石碑和石柱，"嘴里品到了新一天的味道"，还用同样的方式触到了"过去的时空"。它没有被碰触过并幸存下来，存在的期限让人难以置信。

20

　　如果有一个地方的小火车站很迷人，正对面是一座全部用砖建成的咖啡馆，会让人停下来在露台上喝一杯橘子水，那么这个地方一定在远离滨海努瓦耶尔（Noyelles-sur-Mer）的地方，在庇卡底田野里的乡间小路上。我是沿着指示牌上"中国墓园"的线索来到这里的。在这个 6 月的下午，有什么能让我走上岔道呢……

　　的确，墓园里有八百多座白色大理石墓碑，干净整洁，在虞美人和几棵歪歪扭扭的树中间排列着。第一次世界大战期间，英军有一个后方基地在此，按照与英军的合约，有八万名中国人加入了中国劳工军团。他们被派去前线填方，去收殓尸体，去扫雷，这些中国北方农民吃苦耐劳的精神和对生活的乐观让英国人感到惊讶。但为了照顾伤员和病号，他们中约两万人死于西班牙流感、霍乱或者肺结核。他们被聚集于此，葬在这背井离乡之地，他们的家人没有办法将遗体运送回国。

在被当作纪念碑的精雕柱廊中间，一棵绿到发黑的侧柏高耸入云。有谁关心过这些手拿铁锹，沿着炮弹的轨迹淹没在北方泥浆中的中国人呢？然而这个被遗弃的地方保持得很整洁，草坪也被修剪过。

我走遍了所有的小路，拍了两三张红色汉字的照片，有时会看到几条英文的墓志铭（"至死忠诚"或者"勇往直前"），还拍下了漂亮的大树与两尊"佛狮"① ——这两尊狮子是墓地守护者，然后重新上了车。在我的面前，落潮时，索姆（Somme）河湾露出了灰色的沙滩……

1917 年，战争最激烈的时候，多亏了沙畹和考狄的支持，你奇迹般地回到了中国云南。用的什么借口？在战争部的支持下出差一年，外出遴选劳动力，选拔足够数量的"志愿者"来替换后方兵工厂里的男劳力。事实上，他们将负责挖掘和清理战壕的工作，在距离战争最近的地方劳动。但你像他们一样并不知情。你抓住这次机会是想一举两得，借机"拓展和补充"考察成果。法兰西文学院又为你们提供了一万法郎资金，你已经调查了正常大小的石膏和纤维模塑的情

---

① 原文为"Chen Fo"，此处借用"fo lion"的译法，西方人把中国的石狮子称为"佛狮"。

况，这些模塑可收藏到博物馆里。你又买好了器材、照片底片和显影罐。"用了四十八小时，我的行李箱就收拾好了！"逃离战争的屠宰场，重回古代时光！你的精气神又回来了！出发！多么大快人心！从个人角度而言，这次离开对你和伊冯娜而言只赚不赔……时机刚好。安德烈·拉蒂格，让的妻子直截了当地写道："到了他离开的时候，伊冯娜已经身心俱疲；我不知道余生他还会去哪里。"

1917 年 2 月，在卢浮宫看守人保罗·威特里（Paul Vitry）和军事指挥官格里耶（Grillet）的陪同下，你从英国、挪威、瑞典、芬兰绕行后回到了天津，这期间也不无担忧和延迟，通信只是偶尔为之，那时俄国沙皇已被国内革命推翻。你对此恶语相向："这些人比中国的共和党人还要蠢……对我而言——最后一次见到这些共和党人被颓废懦弱的沙皇踩在脚下——是无比宝贵的机会。"尼古拉二世被推翻，于 3 月让出了皇位，而后遭到灭门。

不管在伦敦还是在莫斯科，你都借机去参观博物馆，欣赏其他藏品，与巴泽尔·阿莱克斯夫等杰出的汉学家见面，去歌剧院看《鲍里斯·戈都诺夫》（*Boris Geodounov*），重读中国经典作品，欣赏鲁本斯。

在中国，你们的任务是每天征募两百至三百名志愿者。"我的工作是贩卖中国劳工，这项工作轻松自在，收入可观。"你在给留在布雷斯特的伊冯娜的信中这样写道。你一点都不感到愧疚:法国丧失了数万士兵,法国北部已经被摧毁,凡尔登战役是一出悲剧,德国不让步,这是一个民族对抗另一个民族的战争,应该提供战争所需要的一切。

你来到南京,更倾向于住在当地宾馆,"带着我忠诚的行军床、旅行箱,还有文稿",离浦口的大本营以及所征募的劳工住的棚屋远远的。每晚,你都在赶写书稿——"我继续自己的大量工作,绞尽脑汁,头上戴着冥想、回忆、欲望和计划的光环。"

4月,三艘轮船已经载走了近五千名劳工。好极了。任务取得了丰硕成果,与当地政府的纠葛归格里耶指挥官那位话痨处理,但还是有不少中国式的障碍。只要可以,你更喜欢四处搜索,寻找春天,你解释说,"古代中国需要我"。你买了驴和马,雇用了一小撮苦力,然后骑着马,朝一片新土地冒险而去。你期待着"高压下的幸福感",就像尼采的恳求。

你若无其事地说:"我在这里也是极为孤独。"因为,几个月里,失望之情有增无减:法国的来信不及时,劳工们粗鲁又无聊,庄严的首都布满了铁轨、汽车、电报线、银行、行政机构,它们就是一个个"水泥筑成的圆齿状立方体"。这里和俄罗斯一样,共和国代替了"天朝"。最后一位"天子"溥仪只是一个傀儡——不管是从美学的角度还是政治的角度,你都很难接受这一点。是否到最后,大家彼此都很相像?是否从西方到东方,一切都拉齐到同一水平线?"人民做主的国家远没有以前的王族朝廷有趣。"你给伊冯解释道。尤其是不久之后"在同质的世界中不会再有神秘"。

至于莫里斯·鲁瓦,这位激情四射的美男子,重新相遇后,你发现他傻得像个办事员。他的角色失去了本来的癫狂和缺陷。多亏了你,他和朋友欧奈耶一起在法国一家银行的分行工作。钱包鼓了,肚子也鼓了。他很快便娶了一位澳大利亚妻子,日子颇为优裕。他的果敢、他的口才去哪儿了?"结束了,"你说,"显然,北京的东西缺席了太多。我以前在那里爱过的东西都已不在或已疏远。我徒劳地尝试着重构那时的夜晚。"而在欧洲,人们热衷于互相损害。晚上,你把自己关在昏暗的房间里,头枕着枕头,一颗烟丸扎在一根银针上,用酒精炉的火点着,然后吸起来。你希望获得新思路一般的大量形象,这是一种遗忘,也是一种救赎。

*

读你的游记,就像重看《法国考古团在中国》① 一书中

---

① 《法国考古团在中国:照片和行程 1907—1923》,巴黎:印度东方学出版社(Les Indes Savantes),2005 年 2 月 21 日。

收录的你拍的照片，仍然是一系列灰色的坟墓：建都南京的梁、宋、陈的坟墓，南京位于句容的东边，无锡的东北边……除了坟墓，还有雕刻、墓碑柱、长翅膀的狮子、展开的舌形物、仿佛带着神意的乌龟、缠绕的水蛇、莲花形底座上的龙、被泥浆淹没的有凹槽的石柱、在毫无生气的天空下耸立的阴茎形石柱。有时在小山岗上会站着某位留着山羊胡的官员的雕塑，他手中持剑，后面跟着另一位官员的雕塑，同样是有身份的人，他身穿长袍，双手间捧着一卷圣旨，他们的脸上雕刻着一双石睛，显得有点刻板。如果他们的前面和后面都少了些人，他们的队列不整齐、有缺口，如果他们是一队雕刻中的幸存者的话，那真是倒霉。你向伊冯娜讲述道："在乡下，突然出现了一件'古物'的轮廓和熟悉的庄重动作……明孝陵的雄狮被发现了，带着暴怒向吞没它的耕地奔去。"

你小心翼翼地拍照、压印，画出出现在石碑、浮雕、坍塌的过梁上最细小的装饰图案——只有不具备一双敏锐眼睛的人才认为世界是贫瘠的。然后你重新上路去寻找其他龟、长翅膀的老虎、吐火怪物（你也称之为"麒麟"），尝试着用文字和纸张记录下它们的出现，试图一一找到地图上的地点以及当地的传闻、考古记录，实现你渴望的梦想。

一项无休无止的任务，最后，却令人失望了……因为谁会关心这群咆哮的动物呢？不管长没长翅膀，不管有没有角，它们半神半兽，毕竟以前的皇帝有那么多神秘守护者。只有你想指认它们，在最初的作品和后来平淡的复制品中挑来挑去（"这块小甜点的初酿期"），在浮夸的坟墓装饰背后，它们因为有很多鳞片、肿包，因为长了獠牙和爪子而显得可笑，被看作冥间的摆渡人、"后世界"的坐骑。比如这只怪相动物，它在宋文帝的陵墓附近被发现，"周围是一堆雕刻物、垃圾、瓦片以及碎掉的盆盆罐罐"。角落里的农民大声叫骂着。你拿着你的十字镐和抓斗在挖什么呢？谁能理解你做的事的意义以及为什么这么做呢？你的手伸向它的脊椎骨，靠近它那有污点的毛皮，手指从它的獠牙上划过。"修复剩余部分的艺术"是最好的，你承认说，因为在你眼中，每种动物都是想象和现实之间的摇摆点，了解了不可思议的事。听到"翅膀在石头间拍打"的声音，你说："我听见时间吹着风经过……"这些形状不再是界限，而是变形，在光线中变成了微粒。

*

两个最大的帝国——俄国和中国摇摇欲坠，欧洲只是一个火盆。甚至在最让你着迷陶醉的东西附近，这个东西还会责骂你，让你"你疲乏不堪"。你在经历一次远行，而这些远行只是你内心的旅行……斗志已不在。使大海咆哮、使天空电闪雷鸣的暴风雨来了。你尝试着"忘记战争，明显荒诞含糊的战争——比粗俗更甚"。回溯到更远的地方："三年前，我急不可耐地等待着自由和宽广。"在木地板的板条上，铺着"三四十头长翅膀的狮子"的照片，它们似乎无关紧要，都是些不自然且幼稚的形象，悄无声息。

数月以来，你写信的口吻变了，像风一般变得强硬。你不妥协，但又很脆弱。你以自我为中心，又苦苦哀求他人。你还想要更多。对于这偌大的世界而言，你的双腿太短。这世界甚至超越了你灵感的内容，更优于这些内容。"尽管我不愿意再开始写新的手稿……我却忍不住不写东西……我有权利写作。我跑遍了所有省份。"你承认。又是一篇新的文章——《景色》，你对于这篇文章心怀抱负："要把它写成一篇视角宽广的论文。"你更长远的打算是"囊括最大范围的风景，有石头，有远方，有天空，有地核"，但后来没有完成。

你欺骗了沙畹，你是个好学生，但也有手段，而且世故。出于其他原因，你和拉蒂格的关系也恶化了——1917年4月的几封信都在绕圈子，信件的主题是伊冯娜，这个可怜的女人待在布雷斯特，日渐虚弱。晦涩的信中提到"实实在在宣布的任务可以缓和痛苦的状态以及伊冯娜的疑神疑鬼"，这成了难题，"你的看法正相反"，你要求他暂时取代你在她身边的位置。尽管他怨恨你这种过分的自恋，但不管怎样，小让没有打你妻子的主意。是你要去寻找"多姿多彩的世界"，而她留在站台上挥着手，成了悲伤的珀涅罗珀①。

　　在几经拖延、被多次核查的信中，你只谈你自己。事实上，这封信更像是一篇航海日志，你在里面谈论着发生过的事和心怀的希望、反弹和等待，有时候也会谈起因不能在海军服役而产生的悔恨（"我在中国的日子是虚度、虚幻、可耻的"）。你也会在信中谈起你文学创作的进展以及与当地政府的纠葛，还有你的科研工作。你还在信中详细地讲到你与耶稣会神父皮尔（Piel）或者"精通藏学"的法官居斯塔夫-夏尔·图森（Gustave-Charles Toussaint）的会面。相反，关于阿列克西·莱热（Alexis Leger），也就是未来的圣-琼·佩斯（Saint-John Perse）你却只字未提，他那时在中国执行任务而你也遇到了他，简而言之，你在信中写了"你工作和大量阅读"的细节，但热情似乎褪了色，火花灭了。对待"心爱的娜娜"，你很温柔，当然也很专注，但你在艺术的朦胧中迂回前行："伊冯娜会告诉我关于我们未来的假设。她表达得模糊不清……"她是在抱怨吗？我猜会的。你问她要伊冯、

---

① 希腊神话中英雄奥德修斯的妻子，她为了等候丈夫凯旋归来，坚守贞节二十年。

安妮和罗南的照片，他们在菲尼斯泰尔平淡无奇的阳光下长大。远处的航标，有的缺损，有的被抹去，那么近，那么少。

尽管有这么多不愉快，尽管与伊冯娜之间关系"冷淡"，尽管有战争的纷扰——虽然在德军中出现了叛乱，但他们一直在抵抗，美军进入了极度混乱之境——你也并不想因此回国，因为要"努力拼一把"。你仍然是一位艺术家，反复讲着你的主张，那就是一位艺术家"除了作品之外没有其他理可说"。除了考古之外，你努力想"找到新员工、意料之外的事，还有多样性所带来的无可比拟的震撼"。你引述高更的话以及他不羁的人生、他骄傲的人生轨迹来替你自己辩护。或者你也会借助喜爱的哲学家："重读尼采。不放弃……不遗忘这强有力而暴躁的人生。"但你供认不讳，在被欧化的上海逗留过后，你说："中国对于我而言是封闭的，受尽剥削。我小心翼翼地抓紧战利品……离开。世界上还有其他罕见的国家，尤其是还有其他世界。"

你的神怪作品中写满了失望。谁会靠近麒麟的神话？这头长了翅膀、皮肤粗糙的神兽在低语什么？它"在雨中像大理石一样黑"，执意要从胸前把"困扰它的时间推开"。在你后来的著作《中国，大雕塑家》（*Chine，la grande statuaire*）的某一章节中，你描写了在四川绵阳发现的一根立柱各面的角浮雕：一个人身着尖袖上装，手持马笼头或是拐杖，他走在前面，一头长了翅膀、肌肉发达的麒麟跟在后面，半旋转着，爪子悬空，让人感觉它飘浮在半空中。这头猛兽要超过他了，它小步快跑着，显得独立又倔强。这不是一头让人骑来骑去的平庸动物，而是一只长了六条腿的灵怪，它只遵循自己的法则，也可能是这位身材纤细但没有嘴的路人的向导。他加快脚步，边向前走，边向后看……这尊汉人的雕塑是否描绘出你的画像呢？

最后，你装满了巨大的货箱。在天津，你搬走了前两次旅居期间留下的东西：樟木箱、漆器、玉器和珍贵的瓷器，比如"青花红彩鲜明的小型明代瓷器"。这些寄托着伤感的物品被打包，塞入稻草中。当这些可怜的物件过着精神不振的生活时，你在北京的根据地容光焕发，享受着"欢乐而漫长的几个月，有马和骡子相伴"。

你滞留河内时写道："我闭门不出，旅馆房间里是可怕的孤独，夜幕降临时，我走进暮色中，来到小湖的周围，……回到房间，我写下一首长诗。"这个小湖被称作"重铸之剑"，如今这里交通繁忙，变得更像一个发咸的池沼，湖中那座脏兮兮的灰色小塔勉强从一层黏稠的污物中露出塔尖。你放弃了顺化市和越南艺术，也就是"中国的讽刺漫画"。你把你的人生说成"流动的荒漠"。你那"自由的灵性"去哪儿了？

历时八个月，从中国香港和新加坡绕行，返程多次被延迟，最终你总算回到了欧洲。横渡中国海域时，你坐的船突然撞上了另一条船，你担心着自己的手稿，好在手稿装在一个防水的箱子里。那么一部刚刚出炉的作品还剩下了什么呢？

最后，1918 年 3 月 2 日，你抵达了法国，同一条船上搭载了一千五百名"签约劳工"。战争"这件大事"尚未完结。大陆另一头的冒险追着你的幻想，到头来将只是"一场无尽的孤独，这种孤独大过任何其他分离；这是我生命中的第一次"。你在船舱里用一个大烟土丸子庆祝了四十岁生日，还有一位"身材修长，长着圆柱形身体、陶土肚脐和一张象牙色嘴巴的黑人女孩"相伴。所以你需要什么来支撑自己呢？更多的鸦片或者更多的工作？至少，鸦片制造出了其他世界相辅相成、相互守望的幻觉，每一口都让你全神贯注、幻想翩翩。

伊冯娜在法国等你。你当然反复告诉她你爱她，她筑就了你的现在，没什么比她更重要，即使"回程只是插曲"。你脸颊凹陷，变得更紧张不安，缩成一团，脸色严峻。你就像一只脆弱的海马一样，也像马赛喧闹的码头上的玻璃。你总算回到了巴黎，带着"神秘的可怕的焦虑"。

*

可能你已经有预感，在家乡的天空下，谁已经在跑向甚至飞向你？几个月后，你将在于埃尔戈阿，倒在草丛中，腿肚上有条长长的伤口。"我去往别处……"但你不会再去中国了，不会了。你还记得在你那本描写多样性的《异域随笔》（*Essai sur l'exotisme*）中写下的文字吗？ "永远不会到达吗？……永远在重生：突然转身向后，当有人从面前把手伸向你。"那么要去哪儿呢？要站在哪里才能位于巨大的压力中？

如果你已经开始写一本"关于中国伟大雕塑艺术的历史巨著"的话，这次旅行让你得以填补了其中的空白，《西藏》是其中的安魂曲。你的朋友图森鼓励你——他在一座喇嘛庙里找到了一本古老的著作《莲花生大师传》并将它带了回来，并想方设法翻译了其中神秘的诗句。"就像图森一样，我还会想到中国西藏。他带着一种狂热的情绪谈论西藏。"你两次错过了西藏，分别是在 1909 年和 1914 年。西藏变成了另一座紫禁城，但这座紫禁城群山起伏，冰天雪地，大风飞扬，难以到达，带有隐喻。

在上海的酒店里，你和这位朋友闲聊过，手里拿着这本书。你的书何时写就？现在还只是草稿。你每天写作两到三个小时。这是对最高海拔区域的颂歌。"山峰、湍急的河流、冰川、情感、居民，看得见的和看不见的生物……"献给尼采这位"思想巅峰征服者"的五十八个段落共分为三部分："我们已经到达的""我们即将到达的""永远得不到、不可名状的"。你的注释者在其中读到了现实、想象和超人类。"这不像是熟悉的东西。完全找到了基调。"你明确说。这首遗嘱诗将是你最美的作品。这首抒情格律诗透着忧虑，一种萦绕不去的请愿声支配着整首诗，这首诗在向"他者"诉说，这是一位有"上帝视角"的他者。这首诗终归没有完成，还差几个段落、还差几步就能完成。就像有人已经把坟墓上的石头滚开，却在坟前停了下来。① "来我这里，西藏，救命！来我这里！这里有意外和障碍/这里是有限的边界/要跨过去。我应该跨过去。"

---

① 引用耶稣坟墓被封住的典故。

21

　　埃莱娜。一个叫埃莱娜·伊勒贝尔的人，无论如何她会让你获得最后几个小时的快乐时光。伊冯娜是她的发小，早就因此变得疯狂。你们这充满激情的关系在模糊的界线徘徊。"秀色可餐、身材娇小的埃莱娜，你永远不会知道你让我遭遇了什么！"伊冯娜叫喊着。

　　你在昂热又见到了伊冯娜，她走到你面前。你稍稍参观了这座城市，这里有令人叹为观止的圣约翰启示录挂毯，这是中世纪欧洲最著名的挂毯，挂毯上绣满了天使、圣徒、白马、六头动物和蓝色的星空。但伊冯娜急着想让你和她在坎佩尔的闺蜜见面。更甚者，她希望你和她成为朋友。尽管战前你在巴黎与埃莱娜和她丈夫见过两面，但那时这位美丽的女子没对你有什么大影响。后来情况变了，在海防时你就已经对她痴迷不已："但她在哪里？她住在哪里呢？"她给被你抛弃的妻子带来了幸福，为此你想向她表示感谢——"你生命中的一笔财富"。从她的角度而言，埃莱娜是一位细腻的读者，她品读着《碑》集，你承认，书中的"某些词会引起共鸣"。

就像亲爱的拉蒂格指责你的那样，你的首要品质是贪得无厌。"对于多样性的追求带有持续性，整体中的密度变化不定，在活跃又相互对接的分子海洋中激动地遨游。"他赞美地评论道。但即便快速运转的维克多感到慌乱或者沮丧，只需要向他的梦想吹一口气，他的热情就又会点燃。就这么简单。"所有尚未尝试之事都是待做之事……"多么宏大的计划！

我只见过一张埃莱娜的照片，照片里她戴着一顶毡帽，身材苗条，对于你而言她"太高了"。照片的背景是照相馆的立体装饰画，像极了元老院的前厅。埃莱娜·伊勒贝尔，1884 年出生，父亲姓盖朗德（Guérandel）。她膝下有四个子女，是一名有教养的基督徒，会写书，聪明又性感。她的境况令人焦虑——丈夫没能从战争前线回来，直到 1936 年遗骸才被发现。你几乎在再次见到她之前就爱上她了，她的突然出现仿佛是天意，如同枯竭的泉眼又被注入了新水，是感情的凝聚——"在很远的地方，我虚构了一位想象中的埃莱娜，而唯一让我惊讶的是，我真实的埃莱娜没有让我感到丝毫失望……"

她写的那么多信都按她的要求被毁掉了，就像伊冯娜要求毁掉自己写的信一样，只留下了一些草稿和为数不多的几封。这些信是给你的回信，你写的信都被保存着。这些信总共差不多有一百多封，信里充满热情，有时候还被写成代码——在信的正文之外，或者在附言中，伊冯娜出现了、说话了，提醒她"亲爱的埃莱娜"，她"如此深沉、如此温柔地爱着她"，总之，她依然存在于"她内心的某个角落"。

　　这种三角关系过渡到了另一种程度，因为你想要"其他无限的东西"。你们相见，再见，互相赏识，互相仰慕，你们抚摸着玉器和瓷器，在紧掩的门帘之后，伴着烤可可粉特有的味道，你们三个人抽着一斗喜欢的烟，名曰"西藏女子"。你们互相撩拨，在紧闭的、密不透风的百叶窗后面打情骂俏，时而传来三个人长长的笑声。鸦片打破了障碍，不再有什么好或坏，一切都混在一起，房间的墙似乎消失不见。你的手指轻如纸张，泛着泡沫的海水拍打着你的太阳穴，就像美妙的铜锣声。你抚摸着一个人的胯部，吻着一张也在吻你的异性的嘴，这是谁的嘴呢？

　　为了逗乐，伊冯娜把莫里斯·鲁瓦打扮成中国官员的照片拿了过来——"他一笑露出漂亮的牙齿，"她屈尊说了一句，"这个帅气的男孩儿是你的朋友，真的是他本人吗？"埃莱娜调皮地评价道。鲁瓦说出真相了吗？是闹剧还是实情？

是演员还是杰出的官员？你永远都不会知道。至于你对他的爱慕……

去吧，既然你已经回到布雷斯特，就像一条里程已满的破旧船只。你们轻抚对方，你们待在海岸边的松树下，待在租赁的别墅中，那里发出夏天的回响。你们握紧彼此的手，相互鼓励着，又彼此拒绝，直到关系破裂。"但亲爱的埃莱娜，我求你了，不要把我和维克多分开，"1918 年 9 月，伊冯娜就已经感到不安，"你永远不知道我多么爱维克多，才能委曲求全接受你做他的女朋友。这一点他从不怀疑。"

埃莱娜坠入爱河，你也是。晚上，抽完烟，你为了给她写信，宁愿放弃《西藏》的写作，这可是你"发泄情感的方式"啊。你回到了布雷斯特医院的花园里，烦恼缠身，沉默寡言。西班牙流感患者占满了医院的病床。你斗争着。"然后我从房屋的这头跑到那头，跨越几公里，从树下穿过，经过一重重对称的、整齐排列着路灯的走廊。我尝试着对没有表达出来的召唤做出回应。我现在知道了如何倾听。"

但你在说着谁，在说着什么呢？

温室、异国风情的博物馆、庞菲河大峡谷、船壳、深处的半岛。布雷斯特，还是那个布雷斯特，永远是那个布雷斯特……在一天中剩下的时间里，你把心爱之人的信揣在上衣里，放在靠近心脏的地方，沉默不语。看不到光，"在别处"。你被她吸引着，她现在是一位普通的女性朋友，将来是让你全身心投入的女朋友，然后变成了眼底的朋友，后来成了一位神奇的魔术师。你挚爱之人，她就像带人走出迷宫的阿里阿德涅。这是重新想象出来的埃莱娜，不会让人失望。伊冯娜声东击西地请求她说："亲爱的，你会克制你对他的情感，给我留出第一的位置，不是吗？"

你和她在富埃南（Fouesnant）市的卡普克兹（Cap-Coz）酒店住过之后，你承认："我在埃莱娜身上得到了所有我想要的东西。"无论是感觉上还是实际上。解释、谦让、心照不宣、告诫（"我告诉过你我很危险，"埃莱娜承认）时有发生。埃莱娜最终对伊冯娜敞开了心扉："他狂热地投入其中的这段感情可能会被他推向最粗暴、最冒失的极限——根据他向我讲述的，对于让·拉蒂格就是如此。"她用第三人称谈论着她自己，继续说道："他粗暴地扑向埃莱娜，你应该了解他这种粗暴。"

这些信让人念念不忘，复杂混乱，热烈激昂，它们没有全部寄走，一封封积攒起来。至于埃莱娜的回信，有些缺了结尾，有些缺了纸页，或者段落被删掉了——谁删的呢？你通过电报发出电话邀约——比如发给"伊勒贝尔·谢阁兰夫人"的那封。伊莲娜保留着回信的底稿。你有时会在布雷斯特、坎佩尔或卡普克兹，待在花岗岩建成的城市里或沙滩上。"维克多从来没有过这种交流的需要，这种让他倾诉自我的欢乐，这份欢乐甚至让他放下工作给你写信。"伊冯娜承认。埃莱娜提到了圣约翰这个人物："约翰应该会希望这种意味着团聚的死亡，目的……死亡？意味着重生。"她想实时回复你"当下的来信"，这些信"还是热乎的，就像你的手握在她的手里那样"，因为你是一位"出色而非凡的朋友"。然而你们之间竖起了一道象征性的屏障——你们决定彼此面对面，彼此支撑。"伊冯娜赖在这儿，并且她想赖在这儿，没有意识到她连累并且损害到了我们之间未来的纯洁感情。又能怎样呢？" 1918 年 6 月，你在给埃莱娜的信中写道。

"每天，她都向你投去激情的火焰，向你展现她最好的一面，而我感觉自己如此渺小。"伊冯娜不情愿地承认道。你的妻子败下阵去，又重整旗鼓，然后"以极大代价得到的"埃莱娜躲在一边，但不曾放弃。"站在我面前的是另一个埃莱娜。哪个才是真的埃莱娜呢？可以相信哪个呢？"伊冯娜问道。献礼，竞争，两面派，结盟。她们两个人最终接受保持一种"清醒的和睦"，并且团结起来将你从自己身上拯救出来，你逐渐沉沦，像一条触底的船，一条被淹没的船。

1918 年 12 月末，尽管第一次世界大战已停战，人们松了一口气，但伊冯娜承认："他患有神经衰弱，心怀深深的绝望，偶尔会平静下来，但全身的疲惫在加重。这些都对他身体不利。"那个月里，你把自己从青少年时期就开始写的大量日记付之一炬。据你女儿安妮分析，你是害怕给人留下"一种错误的印象"。你后来对埃莱娜解释说："过去我有时会像一个英雄一样高兴。哦，可能只是高兴几分钟而已……但这是过去，我曾经如此。"但日记里的内容太过私密，而且很过时。你为此感到遗憾。

不再受你影响的让·拉蒂格分析说："维克多沉沦下去是因为他为工作付出的努力并不能给他带来快乐。"他气恼又不怀好意地说："他的作品只是靠傲慢写成的。他的作品偶尔也会让人激动，但这种激动并不会化为爱情。"最后，他指出需要新的心有灵犀，需要更广泛的结合："他告诉我想要一种超然于他之外的东西。"

一种莫名其妙的失常身体状态。一种"无法弥补的身体衰退"。你变瘦了，仿佛一切尚有可能。"我没有患上任何一种可以检查出来的常见病。然而，所发生的一切都仿佛说明我得了重病。"你注射过纯净的海洋水血清后，还服用大量药物和镇静剂，直至变得迟钝，并且得了梦游症。重复不断的失眠让你受尽折磨。你撞在了客厅的家具上，湿疹咬噬着你的腿和肚子。戒掉鸦片的这个决定加速了你身体状况的恶化——毕竟这是二十年的瘾！作为医生的你拒绝治疗变成病人的自己。你简洁地概括道："深度潜水的状态。"你住进了巴黎的精神病院。"我开始相信了，他连休息的时间都没有。"沮丧的伊冯娜悲叹道。你在《西藏》中写道："有人说宫殿是空的/里面有黑洞洞的废弃的房间，还有通往陌生之地的门厅/里面的走廊不通往任何地方……"

在加重的病情中，在这种既崇高又悲怆的混乱中，你度过了生命中最后的时刻。"埃莱娜，埃莱娜，我好渴……我渴得不像是个人。"而你过分喜爱的埃莱娜是你的中心，是一股清爽之气，但一切似乎都崩塌了，了无生气，不像会再繁荣起来的样子。"我确定在某些时刻看见你了！"你喊叫着。"以前，以前，只有无聊！"她喊叫着，一列省级列车倾斜的影子印在她的八角裙上。窗外的风景络绎不绝，直到河岸连接处，而她的香味就像汁液洒在你的指头上，发髻散落在她的颈背上，红色的嘴唇，你的舌头和她的舌头在一起跳舞……可能吧。

"那你呢？——你。我迫切想念你。"

这是"中午还是半夜"？开始还是结束？她是你等待的最后一把热情之火吗，就像高更登上他不曾抱很大希望的马克萨斯群岛时所请求的？"我的这份热忱，是为你的一切，首先是为你本人。"或者你还想通过她得到其他东西，另一个大陆，难以描述的东西……？

在埃莱娜的敦促下，你听从了保尔·克洛岱尔的意见，转而成为耶稣基督的信徒，但没有更进一步加深你的信仰。保尔·克洛岱尔让你厌烦，他自认为准备好了要拯救你的灵魂。"在如此小的空间里我感到窒息。"贫穷的你以一种神秘的口吻承认道。

埃莱娜悄无声息地把你引到了你该去的地方。她爱你，你也爱她，就像你重新爱上伊冯娜，比以前更爱，直至来到于埃尔戈阿，见到了石海和摇椅石。"拉住我的手，我们两个人就像两个孩子，一直跑到阿尔让河，河洞后面的这条小小的河流是如此安静。"这是 1919 年 5 月初埃莱娜的梦境。

为了让你休养，伊冯娜准备了一个位于树林边缘的房间。但菲尼斯泰尔下起了倾盆大雨。大酒店的玻璃窗是一幅淌着水的模糊画面。酒店后面，阴暗的布列塔尼森林在喘息。你让人把你的莎士比亚作品寄给你，那是一套英文版的"金色精装版"莎士比亚全集（伦敦，1857）。"这部《哈姆雷特》巨著，如此有人文精神。"你离开房间，从楼梯走下来，每下到一处楼梯拐角的平台，你都把手搭在栏杆的圆球上，你已经开始了你的倒计时。在餐厅里，桌布上的一把甜品刀闪着微弱的光。

22

1919 年 5 月 20 日，你出发去森林的前一天，你写下了最后两封信。在给埃莱娜的信中你说："让我一个人来跟它作了结。"它指的是你那只得到"无理拒绝"的"肉体"。你用一句谜一般的话作了结束语："在场……缺席……"

在你写给伊冯娜的信中语气没有那么悲伤，你谈到希望，谈到"真实的"生活，你向她提起你们在"在此献身的三个地方"度过周一，你深受这个地标的吸引，又回到了这个地方。"我不去寻找新的地点，我重走了相同的路，我从早到晚不停地呼吸着这里的空气。"人们发现你在第二个地方死了，倒在血泊中，眼睛被雨水洗涤干净。大家到处都找不到你，而坏天气还在继续，人们便打算拦住阿尔让河的河水，以便在河床上搜寻一下。伊冯娜会知道你在哪里，她毫不犹豫地爬上山岗，蹚过草地，来到了三个地方的其中一处。你在那封预言信中又提到了这些地方："朝向河边的一个倾斜的平面……然后在河洞上方的荆棘之上，然后在河边。"事实上，这样的描述会让人相信这是一条密码信息。这些"献身地点"后来引起安德烈·布勒东及其门徒的注意，吸引他们来到了森林里。让我们去吧……

既然你的诗集《碑》集被重新解读，那为什么不算一算《易经》中的六十四卦呢？这本书是中国文化的基础，你非常了解。在被问到这个问题时，我的朋友、《易经》的译者夏汉生[①]面露出疑惑，但按他的习惯，他表现得愉快又严肃。我试图说服他，向他解释说这种推理……充满诗意。他立刻抓起了他的硬皮书。我给他反复读了好几遍你于 1919 年 5 月 20 日写的那封信。

一卦由六条虚线或实线线段组成，虚线线段代表阴，实线线段代表阳，它们从下到上垂直叠放。其变化所得到的最终构图对应着《易经》六十四种可能性中的一种。诚然，没有哪一卦能预测未来，但每一卦都是现在及其变化的一面镜子。实际上，应该将其看作思考和策略的指南。专注于流动，专注于能量，专注于变化。

根据夏汉生的解释，如果要逐字翻译维克多所描述的这片森林风景，那么第一个地方应该是一条实线线段，因为这

[①] 夏汉生（Cyrille Javary），法国汉学家、易经学者，任巴黎周易中心主任。

是在一条河的岸边，"在一个倾斜的平面上"，因此是在坚实的土地上。第二个地方是一条重叠或分割成几段的线，因为出现了"河洞"（缺少了土地）。最后，"河边"又代表一条实线。重复第二遍后得出的结论是离卦，即第三十卦，与"捕鸟网"、"光线、眩晕"相关。"离"这个汉字的意思是："离开、分开、远离、背离"。通过推演向往阳光普照的天空之鸟被捕这一隐喻，《易经》指出了"总体处境中的矛盾，即既眷恋大地，又渴望飞翔"。与其对立的第二十九卦，只表达了一种意思："落入陷坑的最底下"。

不过，这正是你几个月来一直需要的，维克多：通过考验，找到冲劲，与其他事物沾上边，抵达光明之处。在写给伊冯娜的最后一封信中，你说尝试着用"石榴石和黄金把所有黑色石头替换掉"。并且，在用几句爱之语作结之前，守候"重现的饱满阳光"。

一切都被编码了吗？当然不是。因此，我们只能被这种"把人吓呆的巧合"震慑，这种巧合对于超现实主义者来说很珍贵，因为这是你说的最后几句话。而且这种概念常常在你的信中出现："把阴暗吞噬、超越、淹没的光"，"宝贵的微光"。

因此，于埃尔戈阿以及那里暂时的晴朗只是在等待你的出现，或者与你相聚。你已经为这个眼睛形状的花园和流动的河水做好了准备。

23

5 月，我回到于埃尔戈阿，又去了一趟女子学校，那里
已经变成了一家艺术画廊，教室被改造成展厅，屋外是树的
枝叶。下午，轮到我被吸引住，就像每次我走进角落寻找那
些献身的地方一样，我坚决地沿着沟壑走，为看到坍塌的地
方，沿着羊肠小道往上走。裸露的树根在地上画出难解的符
号，道路有些潮湿。我登上铁质的阶梯，凝望魔鬼之洞，最
后到达更高的山顶，悬空保持着平衡的摇椅石就在那里。那
里，登上一级级粗糙的阶梯，走到一些层层分布的平整石块
的尽头，视野开阔，可以越过树木的枝叶远眺二三百米。

但那天不只有我一个人在悬崖上。另外的那个人心平气
和，在一片阳光下抽烟，头发扎在脖颈后面，身穿人造革夹
克衫，给人一种摇滚歌手的感觉。他戴着护腕，穿着摩托
靴，看上去三十岁左右。强壮，沉默寡言，显得有些忧愁，
有几绺白发。他的手机放在远处，开着扬声器，外放着音

乐。音乐恰巧是摇滚乐，但不是滚石乐队的。下午的三个小时里，我们两个人待在那块高地，就像栖居在圣埃克絮佩里的小星球上。我自然地跟他搭话，他也预料到了这一点。他早就看到我犹豫了一下，然后走了过来。

"你是游客？"他问。

"话说我对谢阁兰，维克多·谢阁兰很感兴趣，于是，你懂的，我从那边溜达过来……"我回答道。

他点点头。在这里，谢阁兰小有名气。我不敢向他解释，我是一个古怪的朝圣者，口袋里装着一本小开本的《哈姆雷特》（封面上是一个彩陶的墨西哥死人头），这本书是你在这个地方——在废墟中，最后读的作品。

这个男人是这个村的村民，住在山下。他没有工作。下午，比起待在他母亲家里看电视，他更喜欢"来这里"，在靠近石海中心的迷宫里。他也可以当导游：原始器具石堆、亚瑟城堡、野猪湿地……然后还有这棵死去的树，要冒险伸手去验证一下妖精是否真的没有睡在里面，倒挂着，头朝下，当心它的门牙和冷笑。

"有多少次，我走近这块仿佛一头搁浅的大鲸鱼的花岗岩，却不能将它挪动一丝一毫，要怎么办呢？"

"是呀，那要怎么办呢？"

我的问题把他逗笑了。"只需要有人把方法教给你，告诉你身体的位置和呼吸的频率，就像有人教给他的那样。接下来就变得很简单了。"

"演示给我看，可以吗？"

暂时的晴天给石头戴上了光环。一刻也不耽误，这个男人在巨石的左角摆好了姿势。他背靠着石头，手撑住身体两侧，肩膀向上推，一点点地，他反复施压，石头摇动了，在森林上空发出回响。是的，找对了位置，岩石意外地在高低不平的地上摇动起来，以一种极小的不平衡，摇动着……震动着！

"该你了！"他说。

我推了五六次后，石头岿然不动。终于，在男人的鼓励下，我继续坚持着，在于埃尔戈阿的中心，在离你寻短见的亭子两步远的地方，我撼动了重达一百三十七吨的花岗石，没有比这更神奇的事了。这就仿佛从一座山丘到另一座山丘，从恶魔洞到原始器具石堆，我来到你的周围，向你呼唤。告诉你为了知道密码，我走近了此地传说的几个瞬间，告诉你周围再没什么沉重之事，但一切都陪伴着游客，将其囊括其中。例如，枝叶的起伏、鸟儿断断续续的歌声、林间小路的光影斑驳、缓慢的云卷云舒……

"好像搬起那块摇椅石更容易。"你对埃莱娜说，为自己的混乱状况心烦意乱。面对一堆堆坍塌物，你放弃了，就像受伤的动物一样游荡，你说着"眩晕"，被曾经支撑你的身体"怯懦地背叛"。5 月 11 日，你承认道："不应该对疲惫不堪而后停止运转的机体感到后悔。"你还能再享受几天的时间吗？三个月前，你曾对自己的情况做过总结："一切都遭到质疑……我有一些美好计划，打算在秋天回到有你在的巴黎……一切……我的旅行不在这个世界上。"

24

　　"不能是中午，我也不想是夜晚。到底几点呢？"上次你说等待着"重新上路"，虽然最终未能成行。但这次，你是在说你自己，而不是去中国或波利尼西亚的第四次远行。这是工作和生活的好方式吗？艺术可以取代一切吗？你不停地寻觅他者，这种寻觅会不会只是自我认识、自我实现、自我逃避的计策呢？有没有实现超验性的希望呢，还是一切都只是荒漠、石子和尘埃？甚至你先是嘲笑而后怀疑的基督教信仰都使你深受折磨。你在天津的同事罗宾（Robin）医生注意到了这种精神危机。你跟他谈论圣约翰。他再也认不出那个勇敢捍卫现实的战士，那个曾经的尼采信仰者。在病榻之上，你说："我让一切都停止了，个人的求生欲，甚至是心跳。我等待着生命陨落。"

　　你可能总在重复《哈姆雷特》中的一句话："随时准备着就是了。"重要的是，要准备好。现在，你已经准备好了。

埃莱娜感受到了某种平静。更准确地说，是一种接受。死亡来到了河洞旁。对于你而言，它有着麒麟的眼睛。

如今，那个地方依然有一块指示牌写着"不建议儿童和老人独自前往"。只是箭头之上的另一块牌子上明确写着：

河洞

在这个地区，此地因自杀事件而出名。自杀者跳进湍流，这些心灰意冷的人被岩石吞没，被驱赶至一个虹吸迷宫，最后落入亚瑟神话中的地下湖。人们很少能打捞到他们的尸体。

上方矗立着观景台，这是一座天然的小山丘，是一些假坟头，被遮挡在灵活摆动、沙沙作响的枝叶间。对面是一块悬岩，就像一扇门，进到一半的时候就会关上。

昨天，今天，森林重复并守卫着一切……

在森林里，你用拐棍敲打着路上的石子。你又回到了这里，被吸引着，从一点走到另一点，就像在玩一局只有你自己了解过程和规则的游戏，经历着一种感官上失望的担忧，对此你既是内行又是新手。每次，在灌木丛和荆棘之间，在这种"游荡的孤独"中，你继续在变瘦、变矮，被吞没，被森林和传说拆解，但精神集中。重要的是，你对道路的转弯，对长满藻类的河流，对风的转向，对晦暗无光泽的花岗岩都做好了准备。在变化中，对现身的或躲藏起来的，对在那里的和在别处的，对重现的事物做好了准备。

1919 年 5 月 20 日，最后两封信，一封给伊冯娜，一封给埃莱娜，一封是略带点别种颜色的白色信纸，一封是黄色信纸。对伊冯娜，你撒谎说："当我获得重生，只有那时，我才能像你一样，也多亏了你，全身心活在我们的当下。"对埃莱娜，你详细地说出实情："不，小埃莱娜，我一点都不'好'，勉强'好转'了一点。让我独自了结这一切。"5月18日，你偶然地引用了莎士比亚的话："我即将睡去，也许还会做梦。"这是第三幕的独白，存在还是毁灭。"默然忍受命运的暴虐的毒箭，或是挺身反抗人世的无涯的苦难，通过斗争把他们扫清，这两种行为，哪一种是更高贵？死了，睡去了，什么都完了"，① 这是问题所在。

作为女朋友的埃莱娜鼓励你："你自己做一团火。"但你早已将自己点燃。"多么奇怪的日子！有时醒来会突然陷入过往的幻影中，过去的五个月倏然消逝。"你又说："当你的这种眼神直视我的眼睛时，就魔幻般地变得不像人的眼神！我每天都能看到这种眼神。"

5 月 21 日，星期三的早晨，你穿着海军制服（你有意穿

---

① 引用为朱生豪先生译本。

这身衣服还是因为其他衣服都浸湿了？），你在褡裢里装了野餐的食物，出发之后又回到了英格兰大酒店，这次回来……是为了换双鞋子。把高筒靴换成了低帮鞋，"你把行军靴换成了无筒皮鞋，行军靴很结实但穿起来有点累。"埃莱娜解释说。皮鞋会让脚踝和腿肚毫无保护地裸露在外面。

你就像古代的凯尔特人，被泉水和森林吸引，一旦越过山楂树的护栏便不再回来。

后来，你下行来到了小山岗的半山腰，把瓶子装满水，一块"被削成斜楞的"橡木（或者"某块尖尖的石头"，如你的朋友贞德·佩德里埃尔所说）让你在山坡上受了伤。周围没有人，你想控制状况，忍受着痛苦直至昏厥。你被困在黑夜之中，如此虚弱，然而酒店离这里的直线距离至少两公里，大转弯处连接卡尔艾和于埃尔戈阿的公路经过此地，走到那里需要两分钟。你的手帕止血带没能止住血，颈动脉破裂，血流成泊，你的晕厥情况比前几次更厉害。青草开始窃窃私语，树木就像尖尖的长枪，树叶的颜色变浅了三个色调，下方怒吼着流向河洞的瀑布被抹去了声音。

你感觉到冷，非常冷。你的心里十分慌乱，像打鼓一样怦怦跳，像是在召唤。天空重重地压下来。你喝光了杯子里的所有水，吃掉了野餐食物里的最后一个橙子，然后你半躺着，最终松开了临时的抓手。就在那时，你认为自己感知到了什么东西，一阵窸窸窣窣的声音，一声怒啸，树枝断裂的声音，微弱的断断续续的细小声音，有谁爬上了山岗。是救你的人吗？不，这次，不是这俗世的任何人，而是麒麟，从过去穿越而来、长着毛茸茸大翅膀的麒麟。它带着微笑，迈着大步到来，它把脸放到你的手中，角靠在你的肩上，以此授权它的骑士。你还有力气跳到它肌肉发达的背上，把脚收在它的翅膀后面，跟着它随风而去吗？

星期三、星期四、星期五，在大自然的冷漠中，日子一天天过去了。你不再动弹。山楂树沙沙作响，空气像水一样。红色的走廊里，镜子在沉睡。迷失的天空发闪着蓝色的光辉。时间开始膨胀，然后变得僵硬。

*

英格兰大酒店的老板娘克罗斯夫人报了警，星期四，警察展开行动。农民们搬来了梯子，拿来了绳子，打算下到山沟里去。他们打算关掉池塘的阀门，但徒劳无功。

恐慌的伊冯娜立即从布雷斯特赶来，做好了最坏的打算。埃莱娜也一样。前一天，也就是 5 月 20 日，伊冯娜对埃莱娜讲述说："当我接到维克多召唤我的电报时，我正要给你写信。那时候我刚刚把我的黑裙子泡进巴拿马皂皮水中……"一条黑裙子哪！埃莱娜呢，她于 5 月 19 日打好了给你的信稿："你还要在于埃尔戈阿待很久吗？……难道我真要离开你，跟你说再见了吗？"这任何一种表达都让人很快联想到双重含义。后来，待在布雷斯特的伊冯娜承认说，星期三下午 1 点到 2 点之间，她通过心灵感应感受到了一种奇怪的不适感："他带着一股我不熟悉的力量来看我了。"

最后你的妻子来到现场，她说，你只能待在其中一个"献身之地"。她首先打电话到坎佩尔，确认你真的没有藏在埃莱娜·伊勒贝尔家。你的妻妹苏珊娜对此坚信不疑。但不要啊，要跟着她走。她最后来到了这里，那时早已是下午 5 点钟，森林变得更加可怕。伊冯娜毫不犹豫地提着裙子沿着羊肠小道爬到了河洞的上方，一直爬到"陡峭的圆形山顶上"，这个山顶原来是封建时期的一座瞭望台，现在长满了树和荆棘。实际上，她星期五在那里找到了你，"我希望能找到活着的他，但他已经死了"，藏在"一处绿色的洼地中"。她描述道："他直躺着，外套折起来枕在脑后，眼睛大睁着，被雨水冲洗干净，双手紧握——左脚赤裸着，受了很重的伤，他的手帕紧紧地系在脚踝上面，他的血，他所有的血流了一片。"

你的身体既没有挣扎，也没有抽搐，还有着完美的背景，最后一幕的道具排列得很整齐：外套卷起来放到颈背下面，成了枕头；草里有一只平底大口杯和一个酒瓶，莎士比亚的书在手能够到的地方；你把从旁边树上摘下的树叶悄悄塞进了书中当书签，书里还夹着伊冯娜的几封信和一张照片（根据你妻子讲述的版本，书签标记的是《哈姆雷特》第四幕第五场）；你身边放着一根拐杖、一个橙子，还有……一把小折刀，一个猎人天真地讲道。结尾掌握得如此好，仿佛是有所准备和编排的，就像勒内·莱斯喝下了毒药。当然，还有一只"被扯掉的短袜"和一副"从挂带上掉下来的夹鼻眼镜"。两个拳头紧握，仿佛被"攫取住"的你紧紧抓住某种动物的鬃毛。这些事物周围是一片寂静。

你的妻子说："他应该没有呼救，因为他集中所有的气力只为爬上山，然后死在这个没人能救他的地方。"提到这个你曾在这里反复读过莎士比亚、做过爱的地方，她肯定地说："他知道我会找到他。"有人注意到你的姿态"像是一位感到热了的散步者"。埃莱娜来到现场，筋疲力尽地说"多种假设都有可能"。

你的许多挚友，从孟瑟龙到克洛岱尔，他们都觉得你是自杀。你的医生同事们也有这种怀疑。一块尖锐的石头？一根磨尖了的割断了动脉的树枝？你这位经验丰富的医生胡乱绑上了止血带？在距离公路五米远的地方？你离开，受伤，只是为了……藏身？误诊还是借口？难道不更应该从两个层面进行解读：对于某人和警察而言这是愚蠢的事故；对于沉默不语的挚友来说是巧妙的自杀……《哈姆雷特》说了什么？在抱着一捧花变成疯女的奥菲莉娅面前，雷欧提斯大喊道："人类的天性由于爱情而格外敏感，因为是敏感的，所以会把自己最珍贵的部分舍弃给所爱的事物。"[①] 更早些时候，在她跌入树枝与泥浆淹死之前，奥菲莉娅回复说："爱人，请你记着吧，这是表示思想的三色堇……"

暴风雨冲刷了你白色的尸体。你就像在小山顶上睡着了，面庞冷静又好看，没有"任何痛苦的痕迹"。你好像喝下了某种镇静剂（那只大口杯）。或者是由于一道愚蠢的伤口，生命独自逝去，最后一刻重新穿上了你的"低帮靴"。你完全没有尝试抓住逝去的生命，不，太晚了，你想要其他东西，想要更充实的旅行，乘着麒麟的翅膀走得更远。"我不想回去，没有遗憾，不慌不忙，失去呼吸。"你在《碑》集中《丧葬法令》篇中写道。"死亡是愉悦的、崇高的、温柔的。死亡非常适宜居住。我住在死亡中，自鸣得意。"伊冯娜重读了里面的诗句。"我被攫取住了。"她承认。第二个月，她向你的朋友夏尔·德·波利尼亚克（Charles de Polignac）回忆了你的失望，以及她无力帮你释怀——"我看到他受苦，无力减轻他的痛苦，这使我非常痛苦。"于埃尔

---

① 引用为朱生豪先生译本。

戈阿吃掉了真实的秘密。

市长根据医学证明书猜测，这位军官可能在"肌腱被切断"之后，"因心脏衰竭而去世"。你的死亡时间可能要追溯到星期三下午，正好在 15:30 开始的狂风暴雨之前——否则，你应该会穿着你的外套，而不是将其卷成枕头。或者是天晴无雨的星期四？在焦虑的最后一夜过后，你躲藏起来，在岩石、羊肠小道、长满蕨类和荆棘的河岸与更高处的如同黑色大嘴一般的河洞之间游荡，犹豫不决，瑟瑟发抖，之后你在古老的建筑物上自杀。奇怪的是这"依然流了一片的血"，依然没有凝固，两天半过后，伊冯娜在星期五下午明确说道。但下了太大的雨，一切都变得模糊、混乱。剧情很难重构。没人真正了解。人们注意到你的衣服"被水浸透了"。下葬之事已经刻不容缓……

在乡下没有条件进行尸体解剖，伊冯娜也反对这样做。你的死亡时间定于 21 日，星期三。然而死亡告知书上写的是23 日，星期五……

第二日是 24 日星期六，在圣伊夫教堂，上了年纪的神甫和唱诗班的孩子们做过弥撒后，沐浴着布列塔尼傍晚金色的阳光，你的遗体很快被葬进了墓园。四名在休军假的海军士兵抬着你的棺木——他们是支持哈姆雷特的"四个将士"吗？你十三岁的儿子伊冯在场。你的父母不在场，他们拒绝参加你的葬礼。埃莱娜在墓旁种下了一株小橡树。从那时起，伊冯娜和埃莱娜自认为是"两个寡妇"，一个三十五岁，一个三十四岁，"带着七个孤儿"。

死亡通知书："请您记得为海军一等军医、荣誉勋章获得者维克多·谢阁兰医生祈祷。"

结束了。

"这里，地脉的风水和飘风的平原都很吉利。这座舒适的陵墓将属于我。……但是，让那边的小农庄活下去吧。我愿呼吸他们在夜晚燃起的炊烟。我还将倾听话语。"这是你诗中的陈述。

百年过后，在绿叶隧道的尽头，沿山丘顺势而修的阶梯——就像中国版画中山坡上的黏土台阶———直通往望远台。我们已经不太能分辨这是一处封建时期的工程，拐角处是它的放哨塔。这就像为一位亚洲皇帝而建，后来变成了一座人造山，一点点融合到了布列塔尼的景色中。在离公路垂直距离十五至二十米的高处，森林描画出一个树和蕨类植物花坛。在呼啸着流入岩石中的瀑布上方，一根石碑状的糙石柱标记着你的死亡之地。大多数行人都被水的回声以及水沫的波荡和气息所吸引，他们漫不经心地走过，浑然不知。他们充其量会停下来辨认一下刻在花岗岩上的字，"海军军医、诗人、作家，在此辞世"，但不知所云。

在蕨类植物丛中，此时宋朝青瓷般颜色的草像是被虐待了，被压得扁扁的——是谁来到这里，躺在掩蔽处，躺在这"献身之地"，在地上印出了转向和漩涡的形状？鸟叫声穿透了寂静，天空如同教堂的半圆形后殿一般，微风缓缓拂过。你亡灵的影子可能就在这里或那里，像银光闪闪的树叶在哀悼。自下而上，风把河流深处那响亮但蒙了水汽的声音吹到了这里，它美妙的声音在此环绕……

写于 2014 至 2016 年

时间线索

1878 年：出生在布雷斯特。

1888—1896 年：在雷恩的耶稣会学院哲学班读书，品学兼优。

1897—1901 年：先后在布雷斯特和波尔多的海军医学院求学，骑自行车在菲尼斯泰尔远足。

1901 年：发现尼采、圣波勒·卢和雷米·德·古尔蒙，吸食鸦片。

1902—1903 年：论文答辩，第一次与法国水星出版社合作。作为医生，途经美国后抵达法属波利尼西亚，患伤寒症。

1903—1904 年：循着高更的足迹，来到塔希提岛、甘比尔群岛、新喀里多尼亚岛、马克萨斯群岛。途经爪哇岛、锡兰返回法国。发现佛教。

1905 年：循着兰波的足迹，在吉布提中途停靠。与伊冯娜·艾贝尔在布雷斯特结婚。与德彪西见面，开始合作一部歌剧剧本。

1907 年：以笔名自费在法国水星出版社出版《远古人》，完全漠不关心。

1908 年：在东方语言学院上中文课。获得去中国做见习译员的临时调动机会。

1909 年：旅居北京。遇见保尔·克洛岱尔。第一次与奥古斯特·吉尔贝·德瓦赞一起穿越中国远行。转向去日本。

1910 年：定居北京，遇见莫里斯·鲁瓦，勒内·莱斯的原型。

1911 年：定居天津。经常在北京逗留。

1912 年：自费出版《碑》集（1914 年在凯勒书局限量重印）。被任命为袁世凯之子的私人医生。

1913 年：在天津北洋医学堂教书。经由西伯利亚大铁路回到欧洲。向政府各部推介他关于考古考察团的想法。

1914 年：第二次远行，此次远行被称作"伟大的对角线"，路线是从云南到中国最西南，与吉尔贝·德瓦赞和让·拉蒂格同行。行程中有许多发现，其中包括踩住蛮族敌兵的马的雕像。动员参军。返回欧洲。

1915 年：被派往迪克斯梅德的海军陆战队。重新回到布雷斯特，做海军医院的副院长。

1916 年：在凯勒书局出版《画》集。销量惨淡。

1917 年：第三次旅居中国。旅行途经挪威、俄国、蒙古。这次的在华任务是征集劳工，同时在南京周围进行考古。旅居上海、河内和新加坡。

1918 年：回到法国，与埃莱娜·伊勒贝尔重聚。被派往布雷斯特。

1919 年：患病。被强制在阿尔及利亚休息。在于埃尔戈阿去世。

致谢

　　没有丰富的阅读做支撑，作家的写作便了无生趣。如果没有安妮·若利·谢阁兰、亨利·布依埃、吉耶·孟瑟龙、让-路易·贝杜安（Jean-Louis Bédouin）、米歇尔·勒布里（Michel Le Bris）、让·鲁多（Jean Roudaut）、玛利亚娜·布尔乔亚（Marianne Bourgeois）、肯尼斯·怀特、菲利普·波斯特尔（Philippe Postel，维克多·谢阁兰协会成员）、克里斯蒂安·杜梅（Christian Doumet）、多米尼克·马班（Dominique Mabin）、程抱一、西蒙·莱斯（Simon Leys）、玛丽·朵蕾（Marie Dollé）、科莱特·卡莫兰（Colette Camelin）、索菲·拉巴图（Sophie Labatut）等人的研究和著作，那我对维克多·谢阁兰将一无所知。他们所有的作品都照亮了我的写作之路，理清了我的写作脉络。

　　感谢弗朗索瓦兹·利维内克（Françoise Livinec），是她帮助我在于埃尔戈阿见到了谢阁兰的子孙——多米尼克·勒

245

隆（Dominique Lelong）、纪尧姆·勒隆（Guillaume Lelong）以及劳尔·梅乐里欧-谢阁兰（Laure Mellerio-Segalen，维克多·谢阁兰基金会成员）。同时还要感谢我的编辑马努埃尔·卡尔卡松（Manuel Carcassonne）给予我的坚定支持。

图书在版编目（CIP）数据

我去往别处：维克多·谢阁兰的真实与想象/（法）
让-吕克·科阿塔朗著；翟月译. —上海：上海文化出
版社，2020.8

ISBN 978－7－5535－2035－3

Ⅰ．①我…　Ⅱ．①让…②翟…　Ⅲ．①维克多·谢阁
兰—传记　Ⅳ．①K835.655.6

中国版本图书馆 CIP 数据核字（2020）第 118148 号

Originally published in France as：MES DAS VONT AILLEURS by Jean-
Luc Coatalem
© Editions Stock，2017；Simplified Chinese edition arranged through Dakai Agency
Limited
Simplified Chinese edition copyright © Shanghai Culture Publishing House，2020
All rights reserved

图字：09－2020－161 号

出 版 人　姜逸青
策　　划　小猫启蒙
责任编辑　王茗斐　任　战
封面设计　许洛熙

书　　名　我去往别处：维克多·谢阁兰的真实与想象
作　　者　〔法〕让-吕克·科阿塔朗　著
译　　者　翟　月
出　　版　上海世纪出版集团　上海文化出版社
地　　址　上海市绍兴路 7 号　200020
发　　行　上海文艺出版社发行中心
　　　　　上海市绍兴路 50 号　200020　www.ewen.co
印　　刷　苏州市越洋印刷有限公司
开　　本　889×1194　1/32
印　　张　8.625
印　　次　2020 年 8 月第一版　2020 年 8 月第一次印刷
书　　号　ISBN 978－7－5535－2035－3/K.227
定　　价　49.00 元
敬告读者　如发现本书有质量问题请与印刷厂质量科联系　T：0512－68180628